企画展

松江の名工・小林如泥

―その技、神の如し―

ごあいさつ

小林如泥《こばやしじょでい》（宝暦三〔一七五三〕―文化十〔一八一三〕）は、松江藩松平家七代藩主松平治郷《はるさと》（号不昧《ふまい》）に仕えた指物師《さしものし》（木工細工の職人）で、透かし彫りや厚材の扱いに優れ、煙草盆や茶箱、建造物などを手掛けました。

如泥は弟子をとらず、技術の伝承を直接は行いませんでしたが、多くの松江の彫刻家や指物師が如泥の作品に影響を受けました。影響を受けた人物らは、彫刻家では荒川亀斎《あらかわきさい》、指物師では梶谷東谷軒《かじたにとうこくけん》、堀越如應《ほりこしじょおう》、挽物師《ひきものし》では小林幸八《こばやしこうはち》などが挙げられ、いずれも高い技術を誇り、松江の木工文化において重要な人物です。本展では、小林如泥の作品と如泥に影響を受けた人々の作品を紹介し、松江が誇る木工文化のすばらしさを改めて紹介します。

終わりになりましたが、本展の開催にあたりご出品・ご協力賜りました関係諸機関、個人の皆様に心より御礼申し上げます。

令和7年4月

松江歴史館　館長　**松浦正敬**

目次

凡　例

・本書は松江歴史館において令和七年四月二五日(金)～六月十五日(日)までの期間、松江歴史館企画展示室で開催の企画展「松江の名工・小林如泥―その技、神の如し―」の展示図録である。
・展覧会は松江歴史館が主催し、東京国立博物館と文化財活用センターから特別協力を得た。また、島根県、島根県教育委員会、朝日新聞松江総局、産経新聞社、日本経済新聞社松江支局、毎日新聞松江支局、読売新聞社松江支局、山陰中央新報社、中国新聞社、島根日日新聞社、新日本海新聞社、共同通信社松江支局、時事通信社松江支局、NHK松江放送局、TSKさんいん中央テレビ、BSS山陰放送、日本海テレビ、山陰ケーブルビジョン、エフエム山陰の後援を得た。
・図版の作品番号は陳列番号と一致するが、陳列順序とは必ずしも一致しない。
・作品図版には、作品番号・作品名称・作者・所蔵者の順番に記載した。巻末の出品目録には、上記に加え、法量(センチメートル)を記した。
・写真は、井上松影堂が撮影したほか、作品番号No.1、8は東京国立博物館、No.13はサントリー美術館、No.3、14、15、16、24、44、61島根県立美術館、No.11は島根県立古代出雲歴史博物館、No.32、33は、出雲文化伝承館、賣布神社の幣殿上の彫刻画像はSCアドクロスより提供を受けた。
・本展の企画および本書の編集・執筆は、大多和弥生(当館副主任学芸員)が行い、当館学芸係がこれを補助した。
・本展示は、国立博物館収蔵品貸与促進事業の支援を得て実施した。

第1章　その技、神の如し

小林如泥《こはやしじょでい》（一七五三—一八一三）は、松江藩松平《まつだいら》家七代藩主松平治郷《はるさと》（号 不昧《ふまい》）に仕えた指物師《さしものし》（木工細工の職人）で、透かし彫りや厚材の扱いに優れ、煙草盆や茶箱、建造物などを手掛けました。

如泥の作風で、特筆すべきは、透かし彫りです。麻の葉文様を透かし彫りした「袖障子」や、糸のような細さで図を透かし彫りした刀掛けに、如泥の技術と美意識の高さを見ることができます。

第一章では、多種多様な如泥の作品をご覧いただきます。松江藩が誇った名工・小林如泥の技にご注目ください。

1

袖障子

小林如泥作
東京国立博物館蔵
image:TNM Image Archives

A

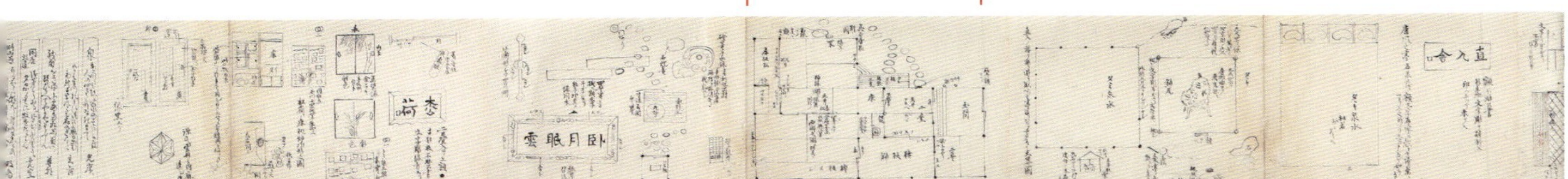

3
大崎御邸中大概並同御亭十図
島根県立美術館蔵

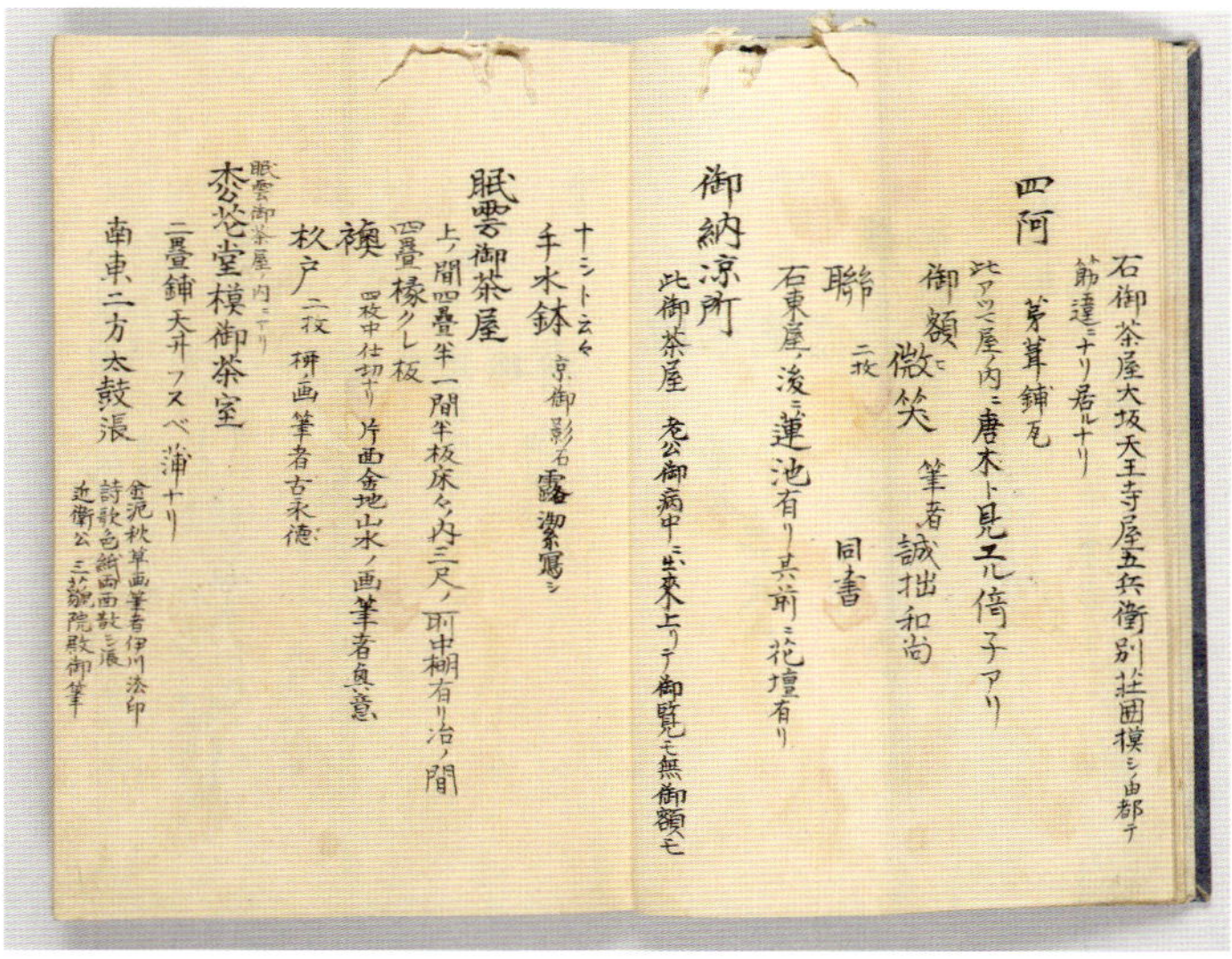

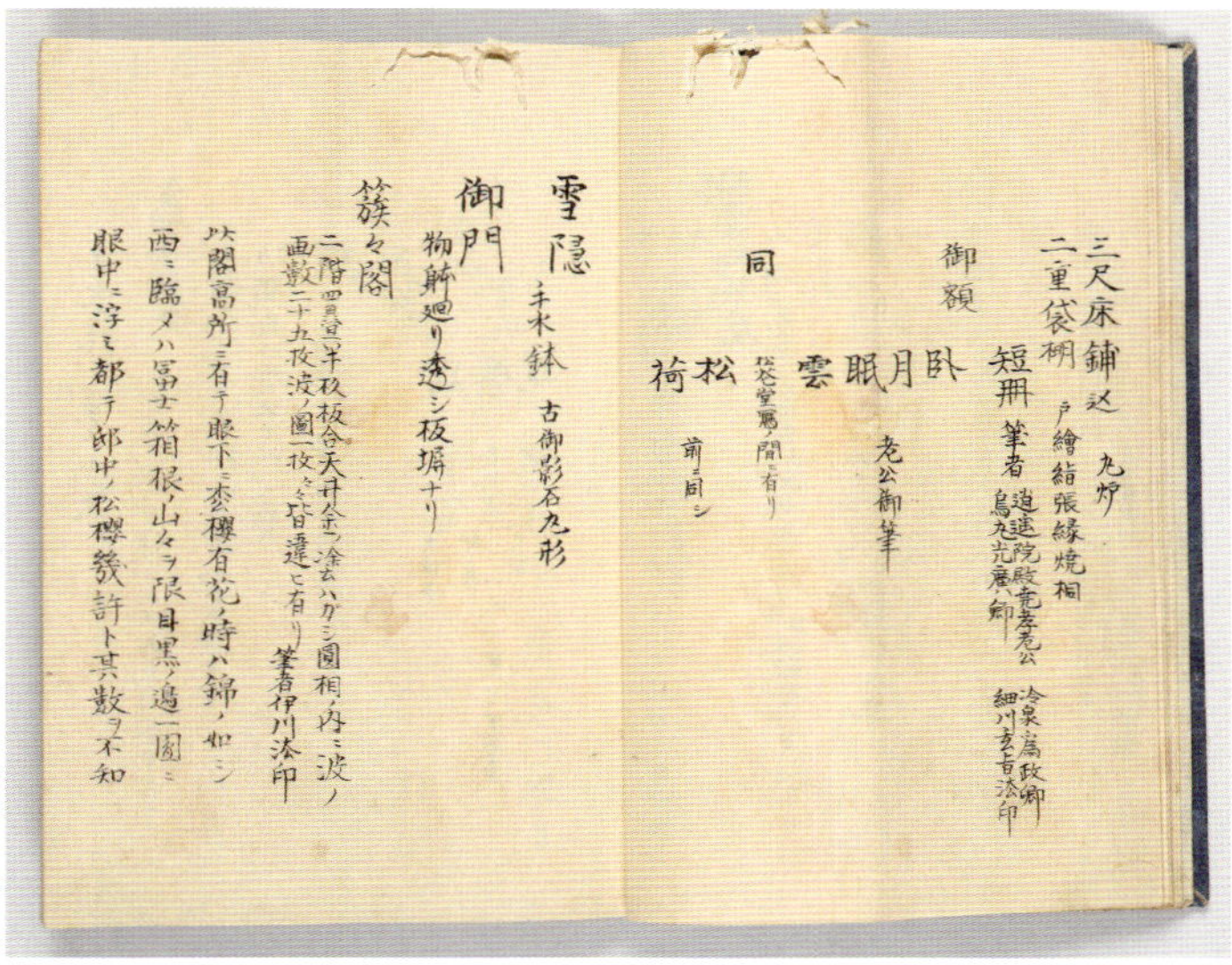

2
江戸大崎茶室詳細図
松江歴史館蔵

B

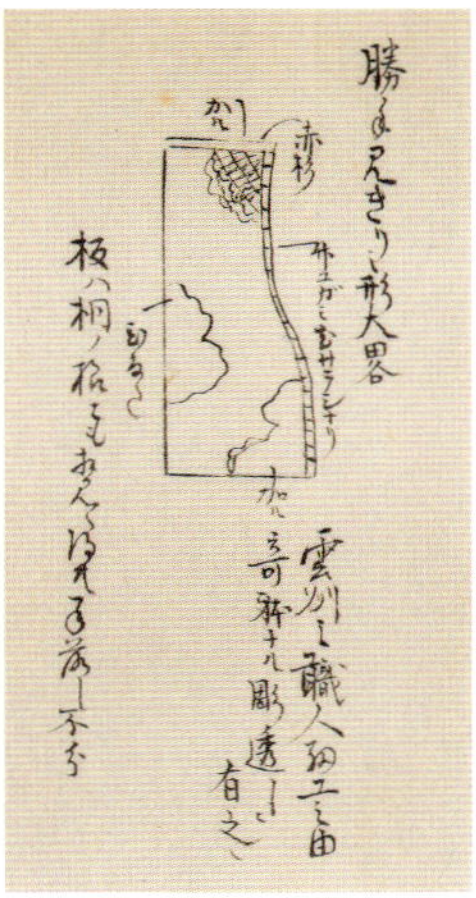

A

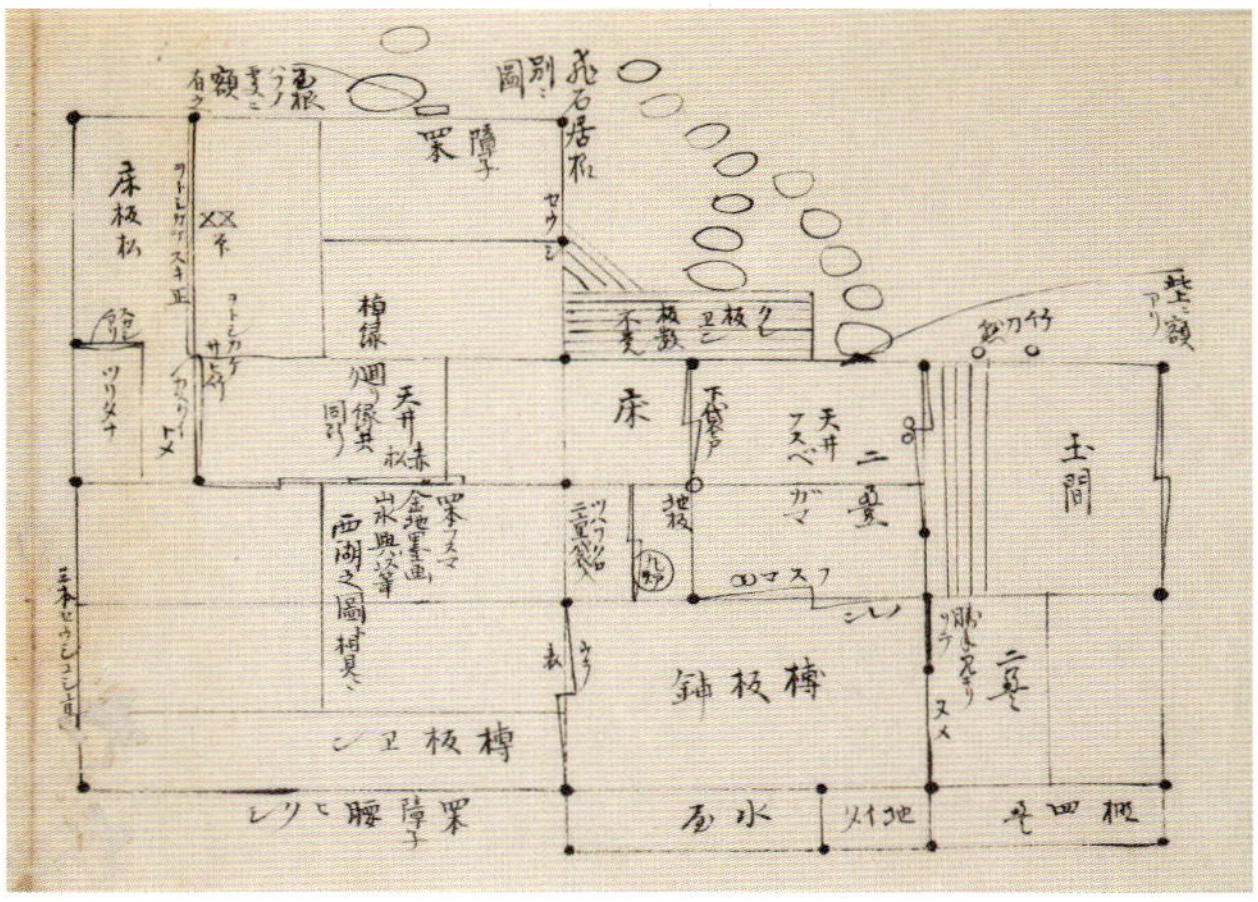

B

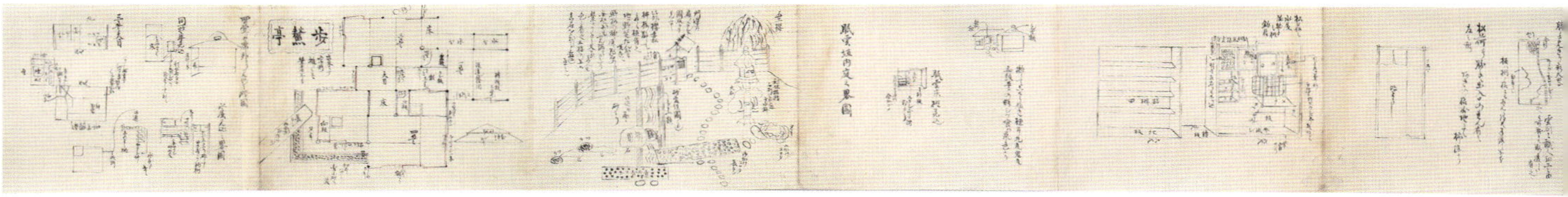

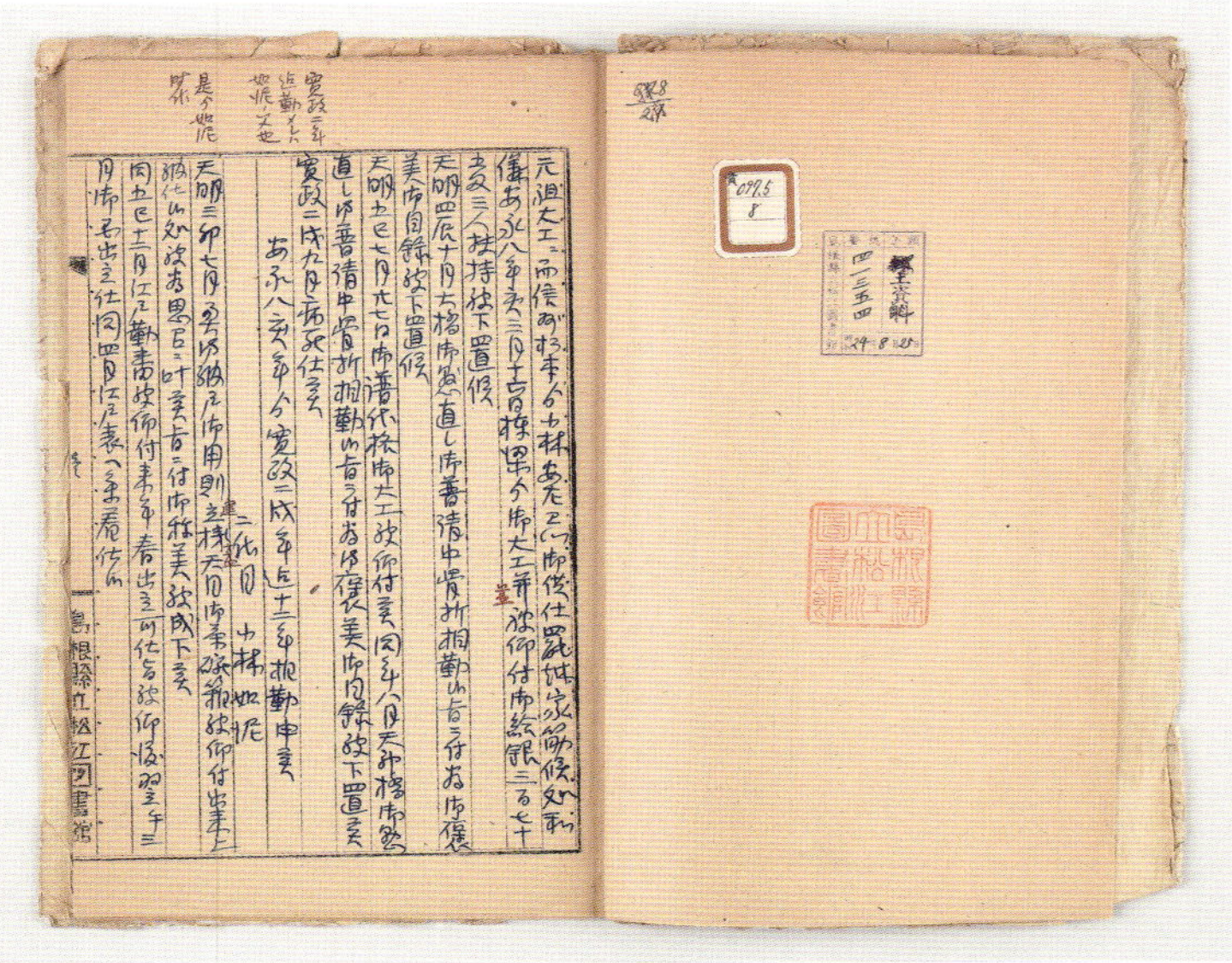

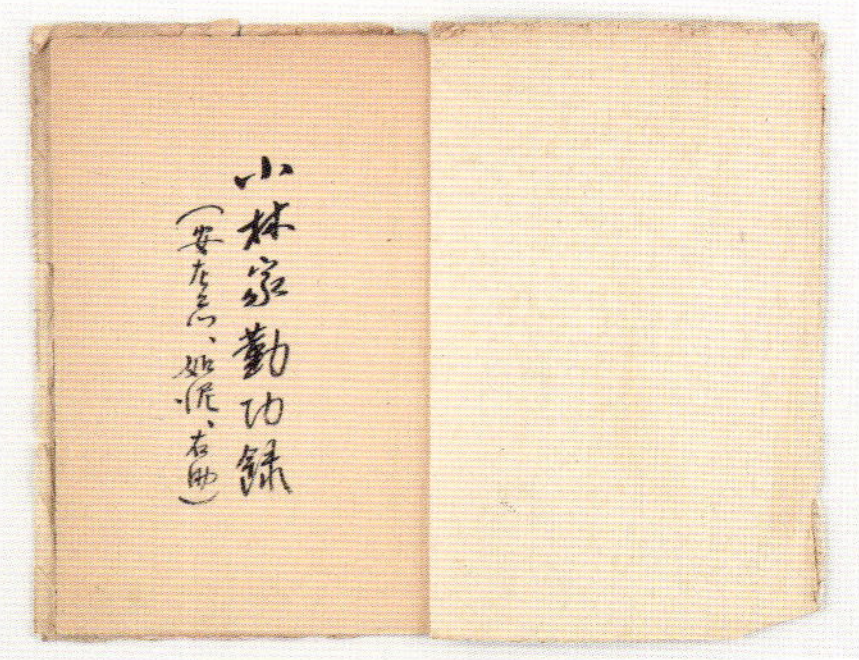

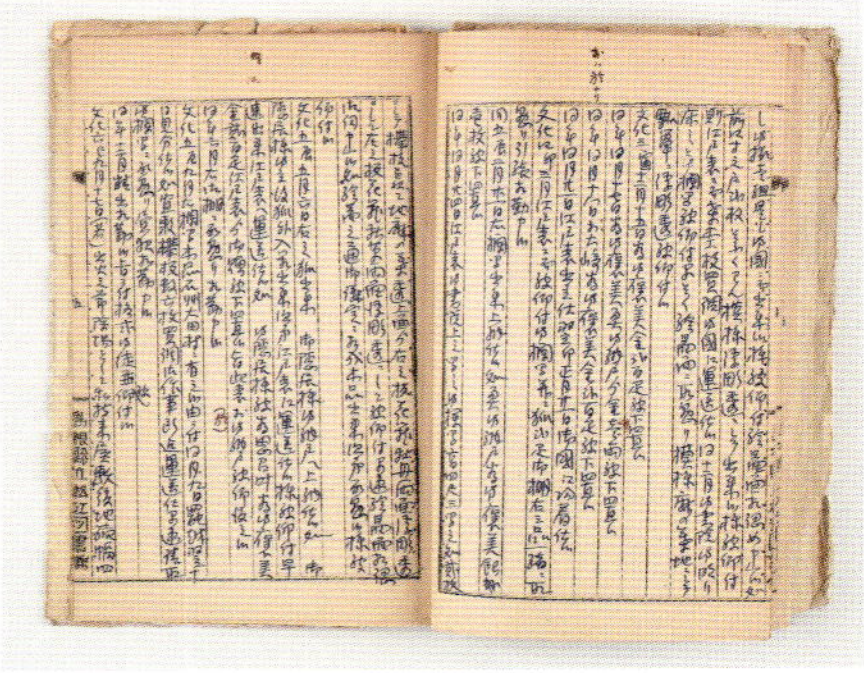

4 小林家勤功録（小林如泥と其一家）

原本：小林右助記
島根県立図書館蔵

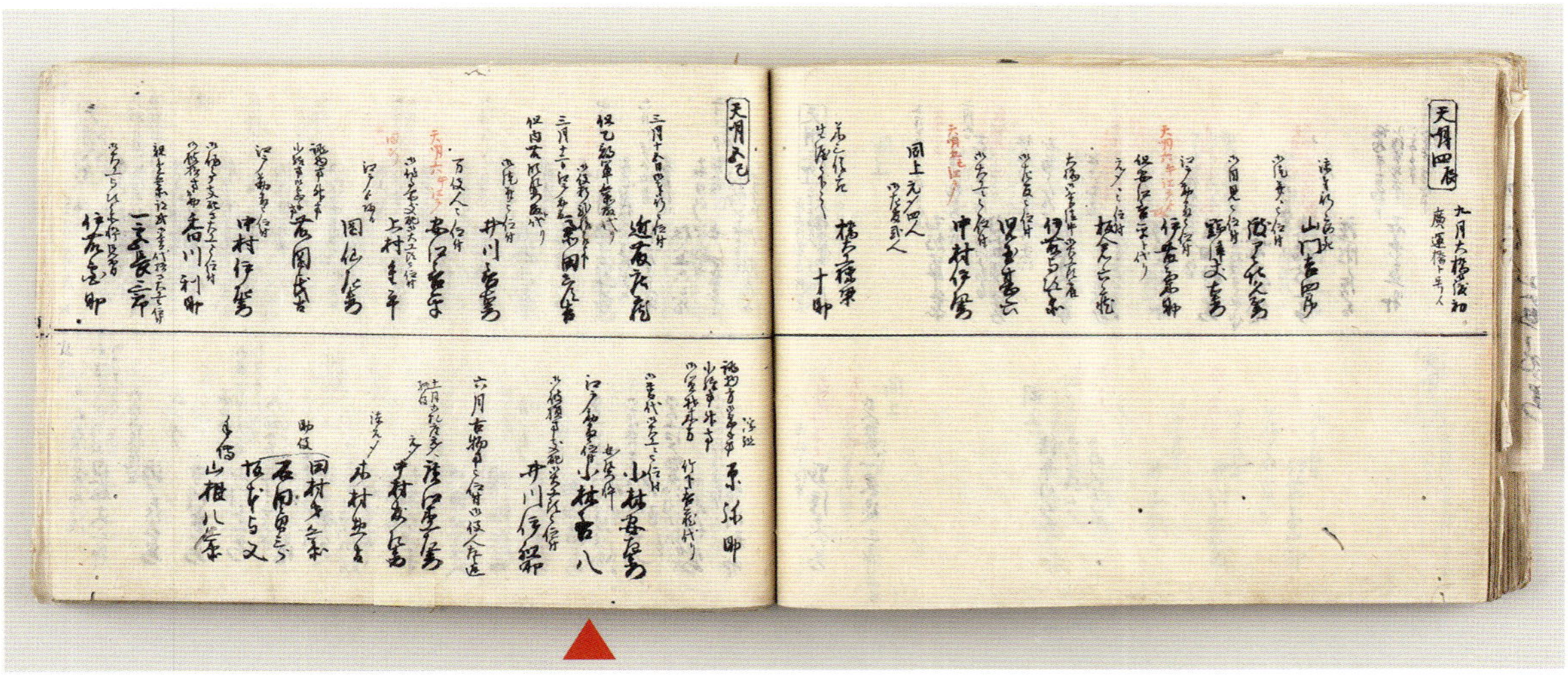

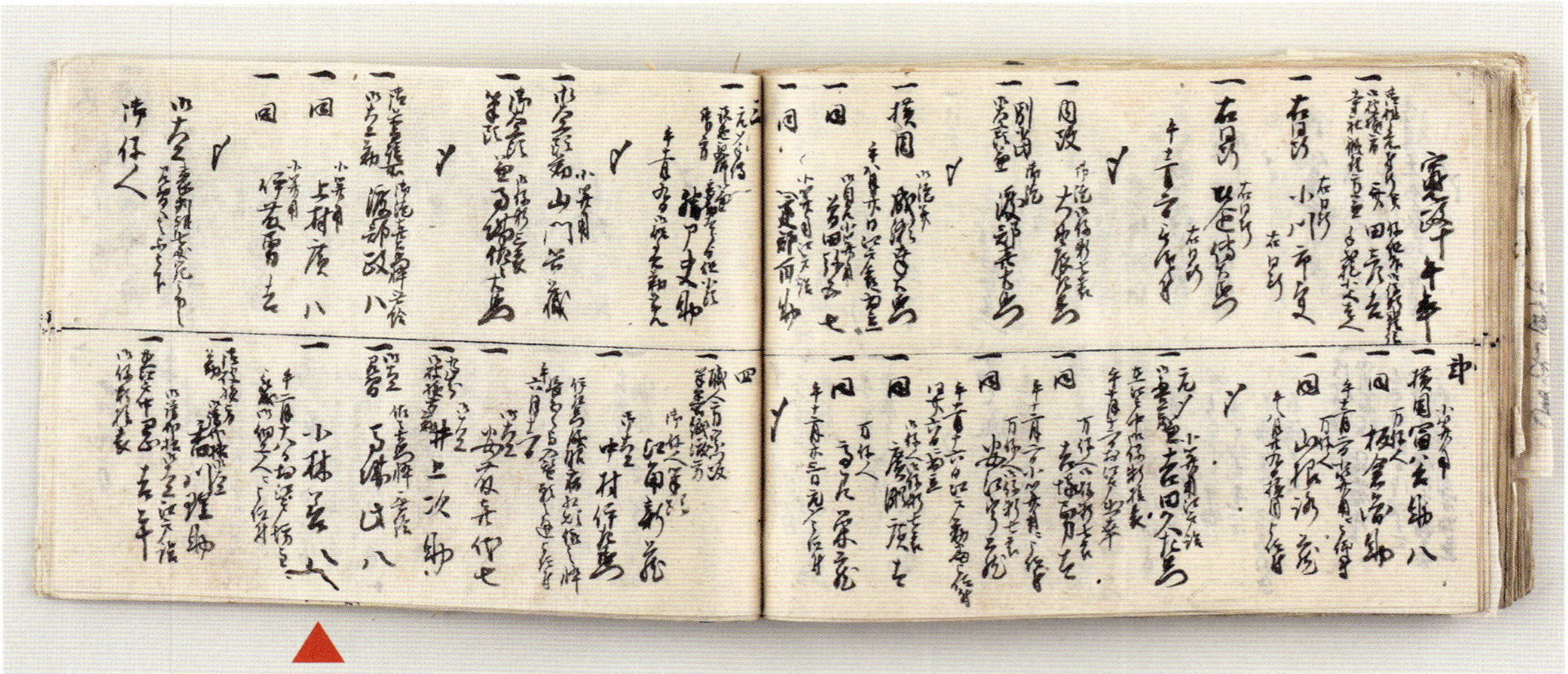

5 御作事所御役人帳

個人蔵（松江歴史館寄託）

6
神狐（原型）

小林如泥作
城山稲荷神社蔵

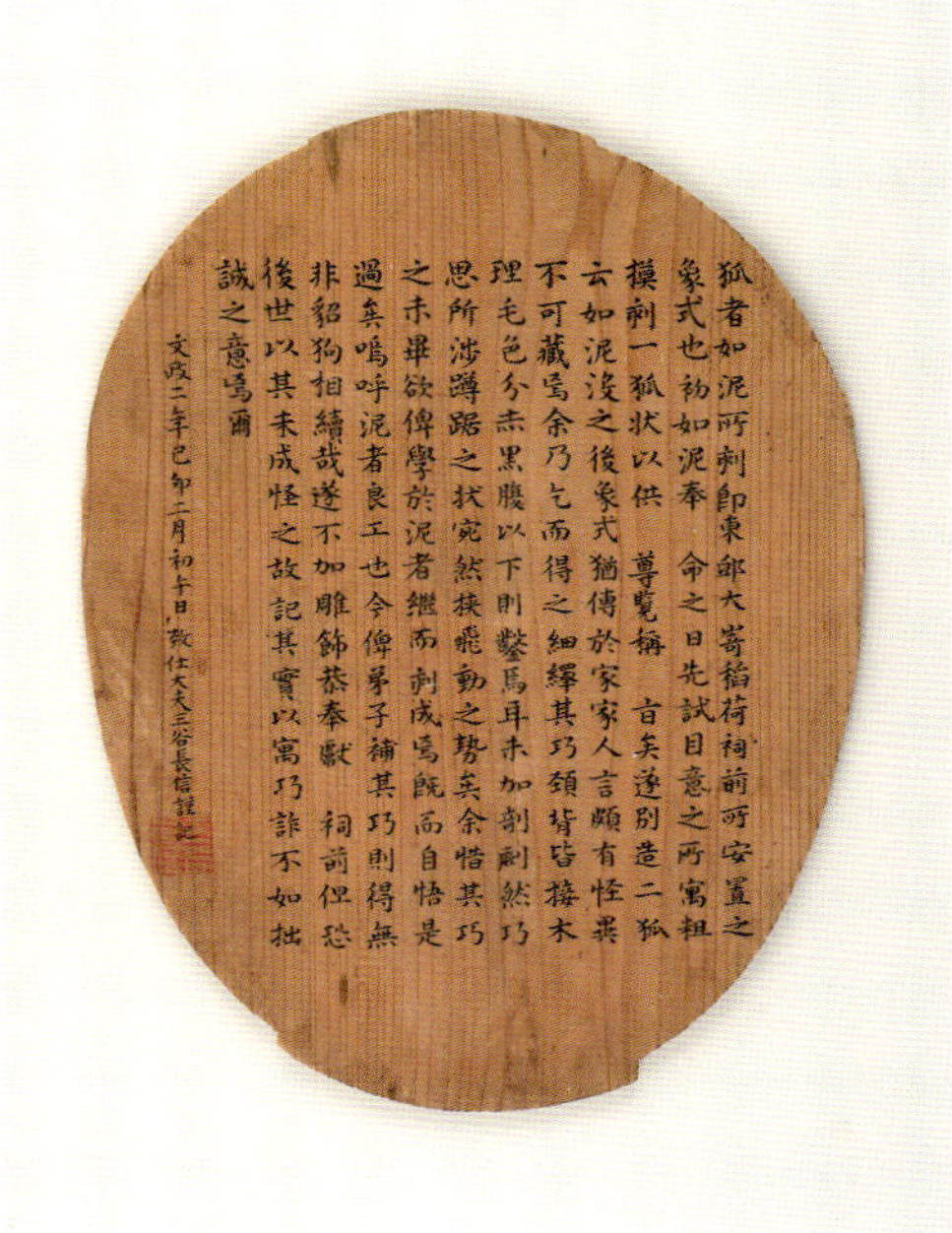

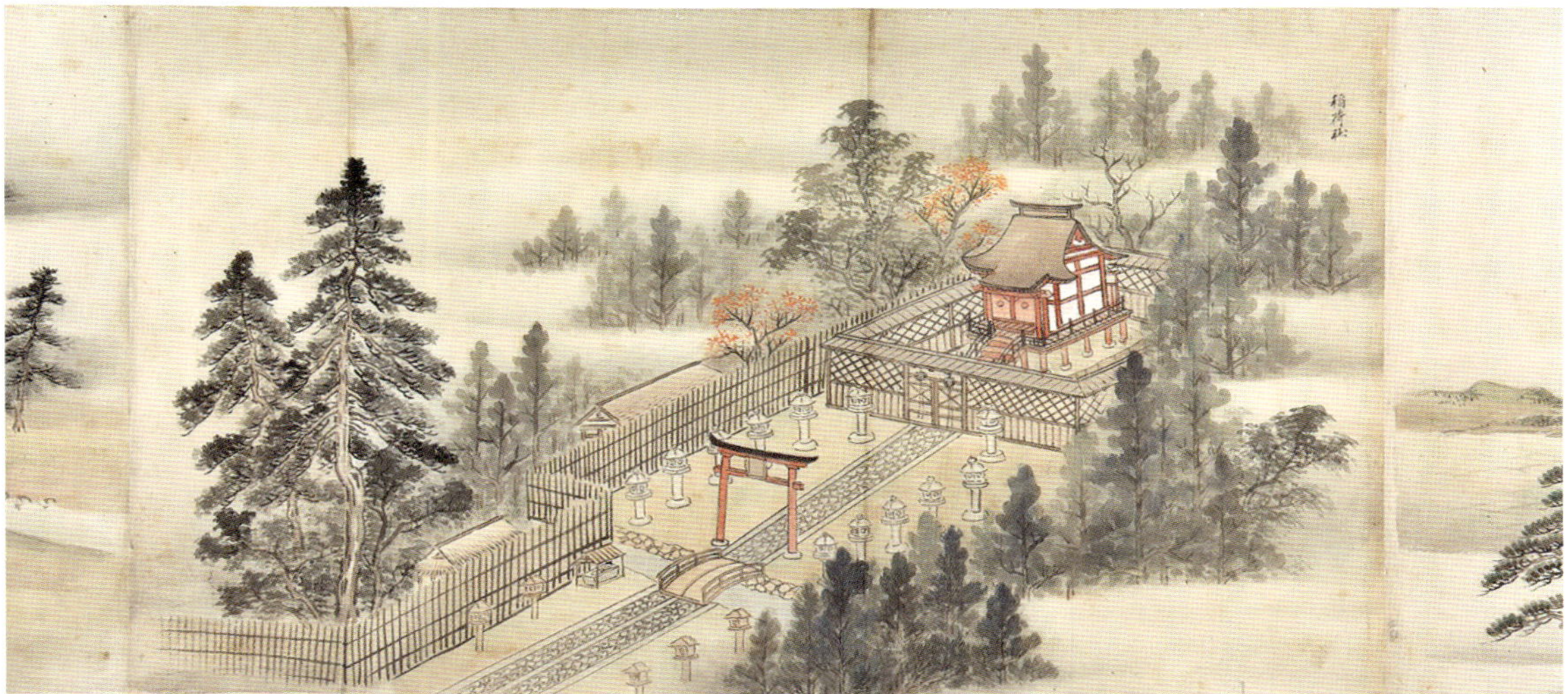

7
雲州侯大崎別業真景図巻のうち「稲荷社」部分

伝　谷文晁画
松江歴史館蔵

8

茶箱

小林如泥作

東京国立博物館蔵

image:TNM Image Arichive

9

桑源氏香透刀掛

小林如泥作
個人蔵

10

桑十牛図透刀掛

小林如泥作
個人蔵

11 桑十牛図透刀掛

小林如泥作
島根県立古代出雲歴史博物館蔵

12 欅桑富士見西行図透刀掛

小林如泥作
松江歴史館蔵

13

木画蒔絵菊花文透冠棚

伝　小林如泥作
サントリー美術館蔵

14

竹一重切花入

松平不昧・小林如泥作

島根県立美術館蔵

15

桐瓢箪透袋棚

小林如泥作

島根県立美術館蔵

16
葵紋透煙草盆
小林如泥作
島根県立美術館蔵

17
桑瓢箪透煙草盆
小林如泥作
個人蔵

18

桑桐瓢箪透手付煙草盆

小林如泥作
個人蔵

19

焼桐曲瓢箪透
桑手付煙草盆

小林如泥作
絲原記念館蔵

20

桑四方手付
煙草盆

小林如泥作
絲原記念館蔵

21

桐橘透煙草盆

小林如泥作
松江歴史館蔵

22

桑梅花透手付煙草盆

小林如泥作
個人蔵

23

桑吹貫金唐皮手付煙草盆

小林如泥作
個人蔵

24

桑曲手あぶり

伝　小林如泥作

島根県立美術館蔵

25

古今松香合

小林如泥作

個人蔵

26

香合・香盆

小林如泥作

松江歴史館蔵

27

竹簪

小林如泥作
個人蔵

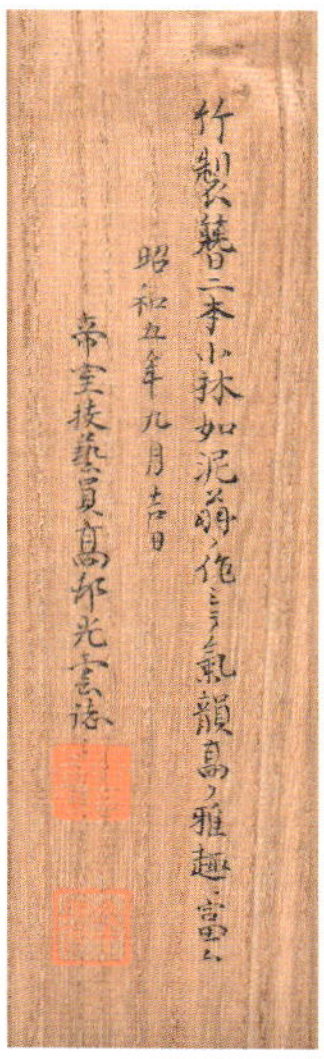

28

紫檀牡丹彫櫛・笄

小林如泥作
個人蔵

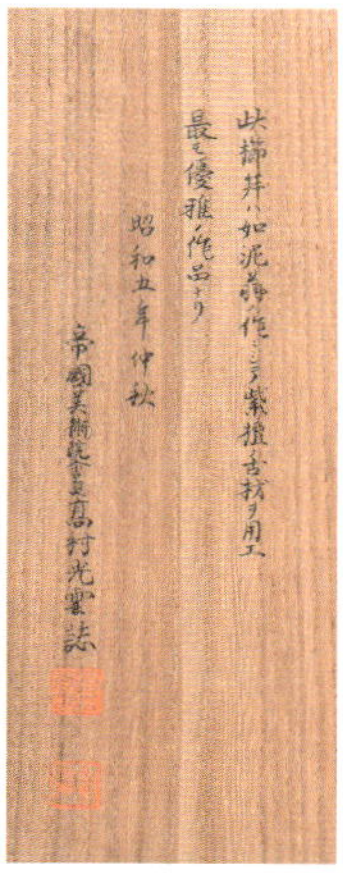

29

蕪大根図額

伝　小林如泥作
灘町町内会蔵

30

灘町親交会記録

内藤太一郎記
灘町町内会蔵

31
板額　御銘　たまみず・やまかつら
小林如泥作
彩雲堂蔵

32
桐炬燵櫓
小林如泥作
個人蔵

33

桑折畳文机

小林如泥作

個人蔵

34

折畳梯子

小林如泥作

長満寺蔵

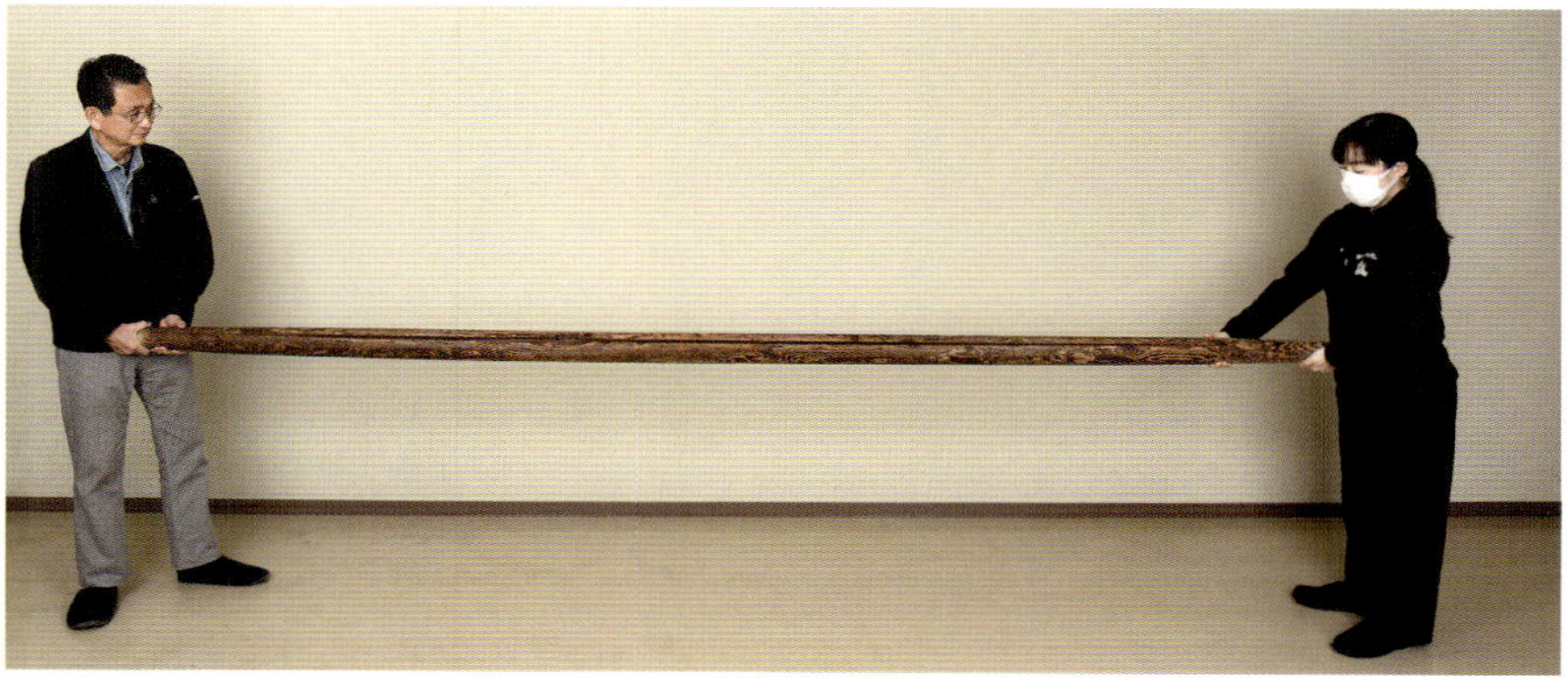

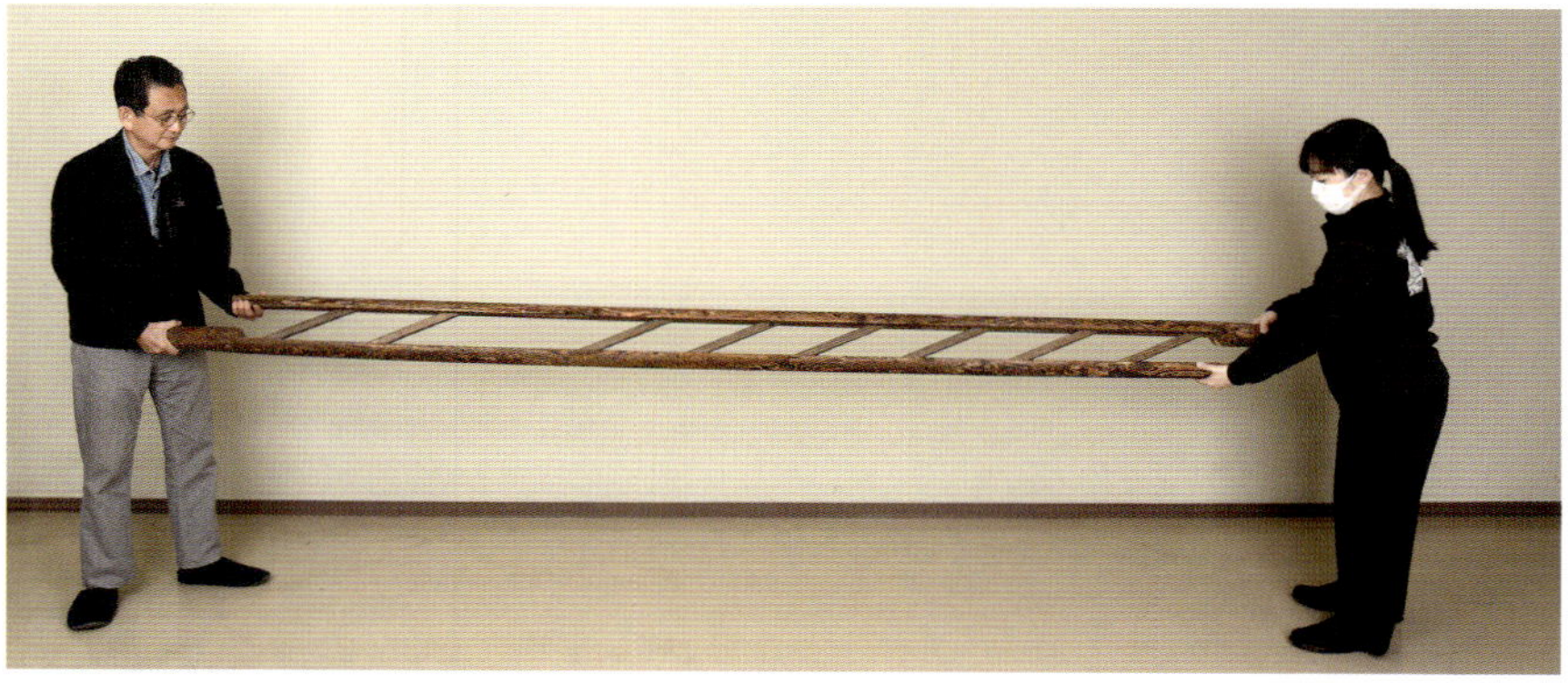

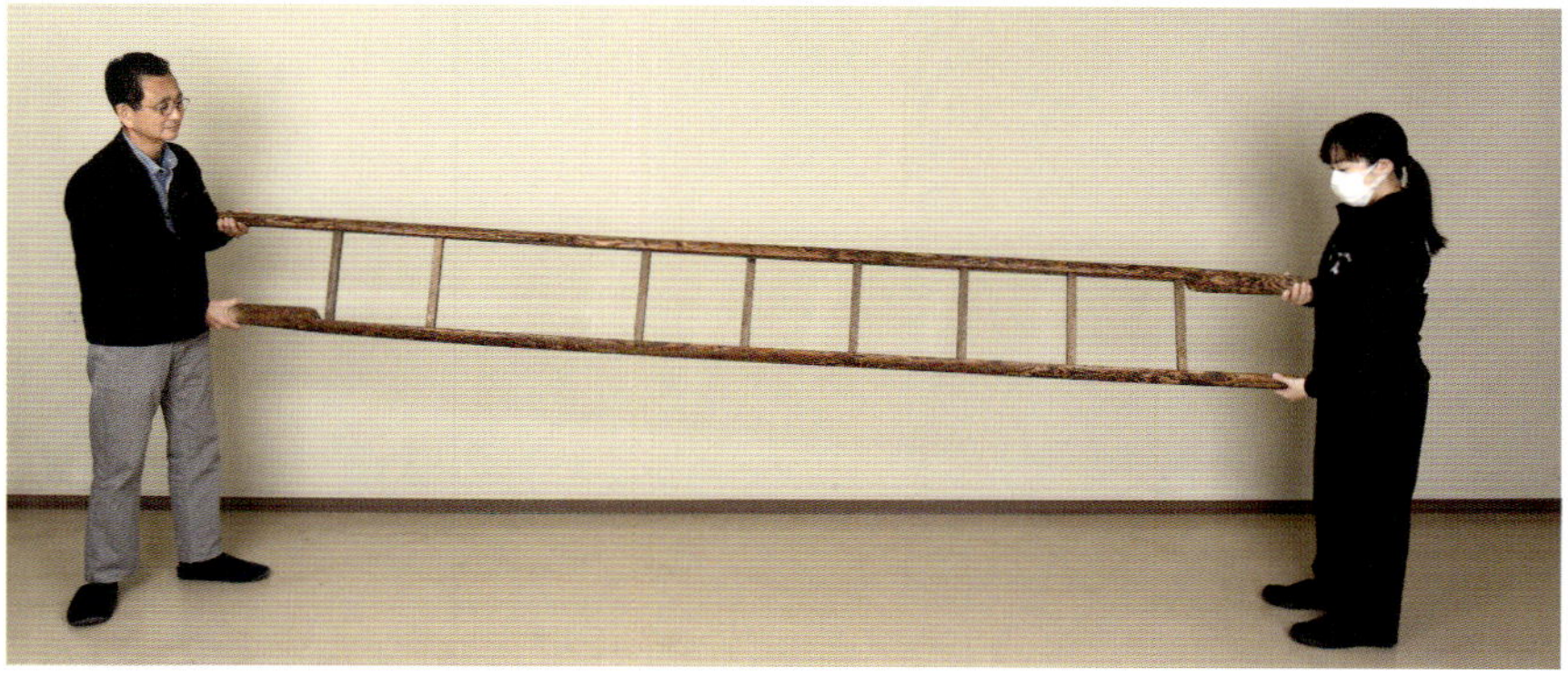

35

麻葉図透額

小林如泥作

城山稲荷神社蔵

「じょでい」か「じょてい」か

小林如泥の「如泥」は、「じょでい」と「じょてい」と二つの呼び名がある。今日においては「じょてい」と呼ばれることが多いが、かつて松江では「じょでい」と呼ばれることが多かったようだ。今日までにおける如泥の読み方の変遷をまとめてみたい。

如泥に関する最初期の紹介文献である『松平不昧傳』では如泥について左のように記す(註1)。

「如泥、本名は安左衛門、寶暦三年を以て松江白潟大工町に生る。元祖は大工にて藩祖高眞院に従ひ、信州松本より來れり。父安左衛門は、安永八年より寛政二年まで給銀三百七十五匁、三人扶持にて、公に仕へたり。如泥、性酒を嗜む、嘗て公に従つて他出せしとき、泥醉して士人に衝突し、將に斬捨に處せられんとせしが、公爲に救解して曰く、彼泥土の如きもの、請ふこれを許せと、幸にして免る。因て如泥の名を賜ふといふ。」

この時点では、読み仮名がふられていないため、「じょでい」か「じょてい」であるかは判然としない。その後、「じょてい」の呼び名について、石川淳「小林如泥」『諸国畸人傳』（一九五七年）にて言及される(註2)。

「如泥の如といふ字はジョとよむかニョと読むか、はじめ判然としなかつたが、松江に来てそれがジョであることをたしかめた。そして、泥の字のはうは、松江のひとはデイとはにごらない。テイと、清んで發音する。ジョテイさんである。

ときに、魚町の鹽津正壽翁のはなしに依ると、如泥に似て非なるもの、すなはち窮屈といふ意味での依怙地な職人の、いやに如泥きどりでゐるやつのことを、ひとは「如泥さん」とか「如泥大工」とかいつて馬鹿にするといふ。（念を押すやうだが、ここはぜひジョテイと發音して下さい。）これを逆に見れば、ほんものの如泥がいかに松江の人に愛され大切にされてゐるかといふことが判るだろう。

その後の如泥を紹介した文献を見ると「じょでい」「じょてい」と両方の読み方が長く続いていることがわかる。伊原青々園『出雲国人物誌』（一九五七年）と『島根県人名事典』（一九八〇年）では「じょでい」読みのみ表記する(註3,4)。その後、『島根県大百科事典』（一九八二年）では、「じょてい」と名前にルビをふりながら、「じょでい」とも読むことを但し書きに記す(註5)。逆に『島根県歴史人物事典』（一九九七年）では、「じょでい」と名前にルビをふり、「じょてい」ともいうと但し書きを記す(註6)。

二〇〇五年に記された如泥に関する文章では、長満寺の住職・小林哲郎（当時）が「松江では『じょていさん』と呼ぶことが多い」と述べている(註7)。漢字をそのまま読めば「じょでい」ではあるものの、現在まで「じょでい」と「じょてい」読みが混在し、松江在住の人々には「じょてい」読みが浸透していることがよく分かる。

しかし、本展の開催に際し、筆者独自で行った聞き取り調査の結果、「じょでい」読みが優勢であったため、本展では独断で「じょでい」と呼ばせていただきたい。

(註1)『松平不昧傳』(松平家編集部編、箒文社、一九一七年)、二〇二頁。
(註2) 石川淳「小林如泥」『諸国畸人傳』(筑摩書房、一九五七年)、一〇頁。
(註3) 伊原青々園『出雲国人物誌』(伊原博士顕彰会事務局、一九五七年)、二九六—二九七頁。
(註4) 伊藤菊之輔『島根県人名事典』(国書刊行会、一九八〇年)、一八九—一九〇頁。
(註5)『島根県大百科事典』上巻 (山陰中央新報社、一九八二年)、六二〇頁。
(註6)『島根県歴史人物事典』(山陰中央新報社、一九九七年)、二五二頁。
(註7) 杉山夏太郎「如何にも如泥—宍道湖の空と水を眺める奇想細工人—」『文芸長良』十二号 (文芸長良の会、二〇〇五年)、九三頁。

第2章　如泥の痕跡

如泥が作ったとされるのは、工芸品だけではなく、建造物にもおよびます。

如泥にゆかりがある建造物には、細やかな彫刻が施されているのを見ることができます。また、如泥の生家があった大工町（現松江市灘町の一部）には、如泥作と伝わる歳徳宮《としとくのみや》があり、今も大事に保管されています。松江には幅広い如泥の作品が伝わっているからこそ、如泥の痕跡はのこり、松江が誇る名工を思い出すきっかけとなっています。

本章では、如泥にゆかりのある場所や制作に携わったとされる建造物らをご紹介します。

常教寺《じょうきょうじ》（松江市寺町）

妙法山常教寺（日蓮宗）は、小林家の菩提寺である。境内には如泥の墓石があり、墓石には、「妙法蓮真院如泥日歓信士」「文化十年十月二十七日没／俗名小林作左衛門／世寿六十一才」「平成二年十一月一日建／六世孫　小林詮」の文字が刻まれる。常教寺本堂は明治二十年（一八八七）に火災に遭い、資料などが全て消失した。その後、総代の佐藤喜八郎が中心となり費用を出資し、大正八年（一九一九）に本堂を再建し、現在に至る。本堂の東西には荒川亀斎《あらかわきさい》による龍の彫刻、本堂内に荒川二代亀斎の波の彫刻、本堂の外梁に足立碧圃《あだちへきほ》の天女の彫刻がある。また、同寺の本堂前には、小林如泥百年忌の碑がある。碑文の文字は、当時東京藝術大学学長の正木直彦による。この碑の建立は、同寺で大正元年（一九一二）十一月二四日に開催された「小林如泥百年会」をきっかけとする。同展では松江近郊で所蔵される如泥作品や関連作品全二九点が展示された。

灘《なだ》町《まち》歳《とし》徳《とくの》宮《みや》（松江市灘町）

松江市灘町には、小林如泥が制作したと伝わる歳徳宮が伝わる。灘町の一部は、江戸時代に大工町と呼ばれた。大工町に住む人々の多くは、松江藩の寺社造営、松江城内の建物の建築・修理、橋梁の架け替えを担った御作事所に関わる人々だった。如泥の生家もかつて大工町にあり、今も「小林如泥居住之地」の碑が建つ。歳徳宮とは、歳徳《としとく》神《じん》を祀る宮のことである。

『松平不昧傳』や『松江八百八町 町内物語 白潟の巻』を見ると、とある逸話がこの宮に残されていることがわかる。後者から抜粋する。

「このお宮さんは屋根が八つ棟となっている関係上、その下にある組木の数が普通のお宮より数倍も多い。だからこれで街をねり歩くには宮の頭が重すぎてちよっと持運びが楽でない。そんなわけでたびたびひっくり返したりぶつけたりの破損が多かった。そこでこのお宮の修理方を(坪倉)元右衛門に依頼することになった。彼も喜んで師のつくった歳徳神の修理を引受けたのだが、いざやってみるとどうしても組木があまってしまう。いろいろ苦心してはめ込んでみたが、とどのつまり最後に残した組木が大ザルに三杯ばかり、その為に軽くなって若い衆は喜んだが、それも如泥の非凡さよと元右衛門は一そう偉大な師の腕に敬服したのであつた。」

『松江八百八町 町内物語 白潟の巻』
松江八百八町刊行の会(一九五五年初版、一九九六年再版)、二五五頁。
( )内は筆者追記

現在、灘町の歳徳宮は宮蔵に収められ、灘町町内会および灘町宮蓼保存会によって管理されている。

白《しら》潟《かた》天《てん》満《まん》宮《ぐう》　厳《いつく》島《しま》神《じん》社《じゃ》（松江市天神町）

白潟天満宮の由緒は保元年間（一一五六―一一五八）に遡ると言われ、現在の白潟の地に奉遷されたのは堀尾吉晴（一五四三―一六一一）が松江に城を移したことからだと伝わる。江戸時代以来、庶民の崇敬も厚く、学問の祖神として広く信仰されている。また創建の故事から眼病の神として、配祀神の御神徳から病気平癒の神としても崇められている。

同社内にある厳島神社は、市《いち》杵《き》志《し》摩《ま》比《ひ》売《め》命《のみこと》を主祭神とする故に弁天様とも呼ばれ、『松平不昧傳』（一九一七年）では如泥作の一つとして紹介されている。また、建築様式として隅木を省略し、垂木を格子状に組んで納めた極めて珍しい形式の社殿として注目される。太田直行『如泥と権兵衛』（一九五四年）内では、「天明五年六月十三日建造（棟梁大塚文平）と享和三年九月二十七日（棟梁忠蔵）の棟札が彼の在籍に当たるけれども、どれにも彼の名は見当らぬのみか、同社は宍道湖の風雨で腐朽が意外にひどく、従来しばしば全面的に修理が加えられているんで原形の保存程度も頗る心許ないが、思いなしか灘町のトンド宮と共通する所が多いように想われる」と記される。如泥の生家から最も近い神社として如泥もしばしば足を運んだに違いない。

月照寺《げっしょうじ》　大圓庵《だいえんあん》（松平治郷《まつだいらはるさと》）廟門《びょうもん》（島根県指定文化財、松江市外中原町）

月照寺は、寛文四年（一六六四）に徳川家康の孫にあたる松江藩松平家初代松平直政《まつだいらなおまさ》が生母月照院《げっしょういん》の霊牌を安置するため、浄土宗の長誉上人《ぞうよしょうにん》を招いて復興したのが始まりとされる。直政の没後、二代綱隆《つなたか》が直政の遺命により境内に廟を造り、山号を歓喜山《かんきさん》と改めて以来、九代にわたる藩主の菩提寺として栄えてきた。七代藩主松平不昧《ふまい》（大圓庵《だいえんあん》）廟所《びょうしょ》の廟門は、唐破風《からはふ》造りの破風を正面と背面に見せる向唐門形式で、施される彫刻は小林如泥の作と伝わる。正面および背面の唐破風内の太《たい》瓶束《へいづか》の両脇は、向かい合う龍の彫刻、正面の頭貫《かしらぬき》には波の浮彫、頭貫鼻は葡萄の籠彫り、桁隠しには桐の花の彫刻がある。特に葡萄の籠彫りは、葡萄の実・蔦・葉が複雑に絡み合う様子を彫りあらわしている。

本廟門の建造年代は明らかになっていないが、文政元年（一八一八）―二年（一八一九）の建立であると考えられている。

華蔵寺　御成りの間　床脇の違い棚（松江市枕木町）

龍翔山華蔵寺境内にある「御成りの間」（松江市指定文化財）の床脇の違い棚に施される桐文と双葉葵文の透かし彫りは、如泥の作と伝わる。床柱にあたる板に桐文が上から整然と並べて彫られる。違い棚の上と下板をつなぐ海老束《えびづか》に、双葉葵文の透かし彫りが施される。

華蔵寺は、もと天台宗、その後臨済宗南禅寺派となる。寺伝によれば、延暦二二年（八〇三）智元上人を開山とする。戦国時代は尼子・毛利の戦火に遭い、諸坊・伽藍などが焼失したが、慶長六年（一六〇一）に堀尾吉晴らが松江に入ると、枕木山の位置が松江城の鬼門に当たるため鬼門封じとして手厚く保護し祈願所とした。その後、松江藩主となった松平氏も祈願所として、初代藩主直政により仁王門や薬師堂などが建立された。

本堂南面の開山堂に通じる渡り廊下の扉の上にある菊に流水文を彫った欄間は如泥の作とも言われ、松江市指定文化財に指定されている。また、華蔵寺参道の入り口にある地蔵堂も如泥作と言われている。

賣布神社《めふじんじゃ》　幣殿《へいでん》　龍の彫刻（松江市和多見町）

賣布神社は、「出雲国風土記」に「賣布社《めふのやしろ》」、平安時代に編纂された「延喜式」には「賣布神社《めふのかみやしろ》」とも記された歴史ある神社である。賣布神社の名前の由来は海藻などがよく採れること、草木が豊かに生えることを意味している。元々は、今の宍道湖の西部湖岸に鎮座していたと考えられ、潮の流れや地形の変動に伴い遷座され、袖師ケ浦に鎮座、潟地が広がって白潟の地が形成されて現在地に遷座されたと伝わる。

拝殿と本殿の間にある幣殿上に如泥作と伝わる龍の彫刻がある。拝殿の入口の梁と木鼻には、荒川亀斎の龍と麒麟の彫刻があり、白い彩色が目に施される。本殿の破風にも龍の彫刻が見られ、こちらは荒川亀斎の父・荒川重蔵《あらかわしげぞう》の作だと伝わる。

弊殿上の龍の彫刻

拝殿

田《た》原《わら》神《じん》社《じゃ》　随《ずい》神《じん》門《もん》（松江市指定文化財、松江市春日町）

田原神社の随神門は、入母屋造、檜皮葺、総欅造の建造物である。小壁に埋め込まれた彫刻が小林如泥の作と伝わる。随神門の正面および背面の破風内には瓢箪の透かし彫り、門内に大根と蕪、木鼻《きばな》は牡丹を透かし彫りであらわし、月照寺にある大圓庵（松平治郷）の廟門にも通ずる技法に見える。同社の記録によれば、享保一八年（一七三三）の大火により社殿ともに焼失するが、まもなく再建されたとされる。現在の随神門は、天保七年（一八三六）に造営され、修理を繰り返して今日まで伝えられた。近年では、令和三年（二〇二一）―四年（二〇二二）に全面葺替えなどの修理が行われた。田原神社は、春日村田原にあった春日社と、松江城築城の際に亀田山にあった宇賀社を現在地に遷した春日・宇賀両社を総称する社号で、歴代藩主の崇敬も厚く、参道には唐獅子や灯籠など多くの石造物が奉納されている。

如《じょ》泥《でい》石《いし》（松江市袖師町、嫁ケ島）

宍道湖岸に敷き詰められた石の中に、直径五一六〇cm、高さ約五〇cmの来待石でできた円筒形の石が並ぶ。その石の中央部に穴や円形の窪みがある。この石はかつて、湖岸が波で浸食されるのを防ぐために設置された石である。如泥が考案したから「如泥石」と呼ばれているが、如泥は木工の職人であり、石細工までしたとは考えにくく、後世に、細工された石を見た人が高名な如泥の名をつけたのではという説もある。明治の末から大正時代のはじめ頃に、宍道湖の嫁ケ島の周りを如泥石で護岸工事したのが、島が現在の小判形になるきっかけだった。

松江歴史館敷地内にある如泥石

松江市袖師町の宍道湖岸にある如泥石

図録掲載作品所在地（島根県）

36

小林如泥傳

高村光雲筆
島根県立図書館蔵

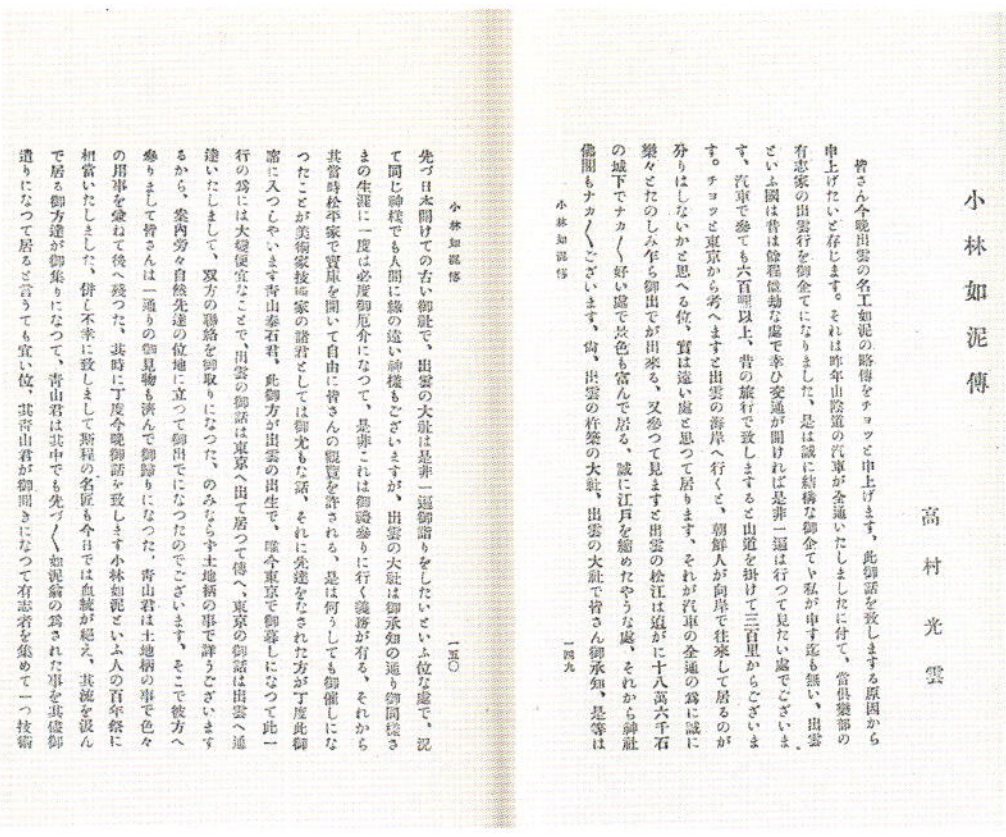

37

不昧公と如泥遺作展目録

島根県立松江図書館
島根県立図書館蔵

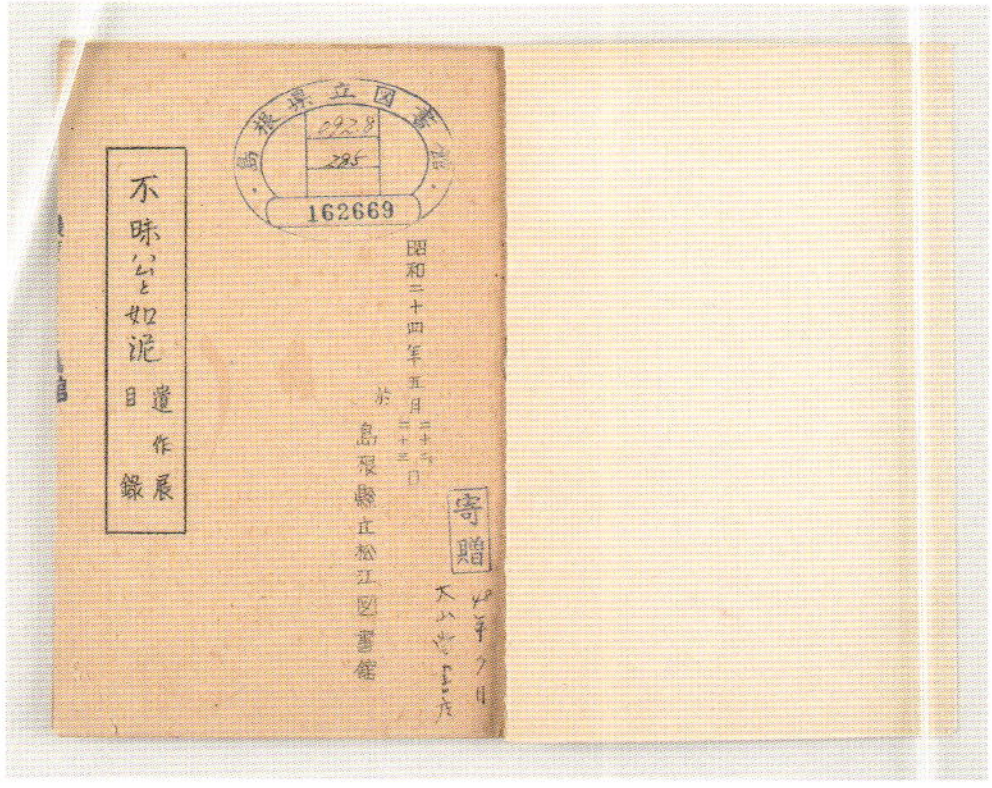

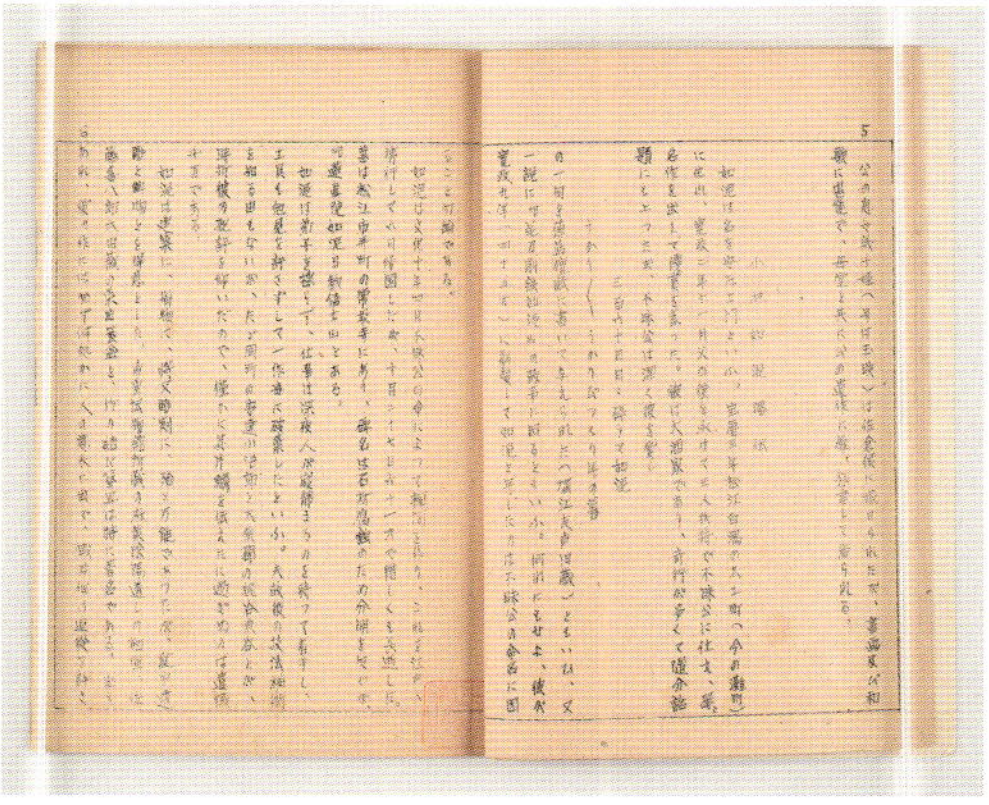

38

諸国畸人傳

石川淳筆
松江歴史館蔵

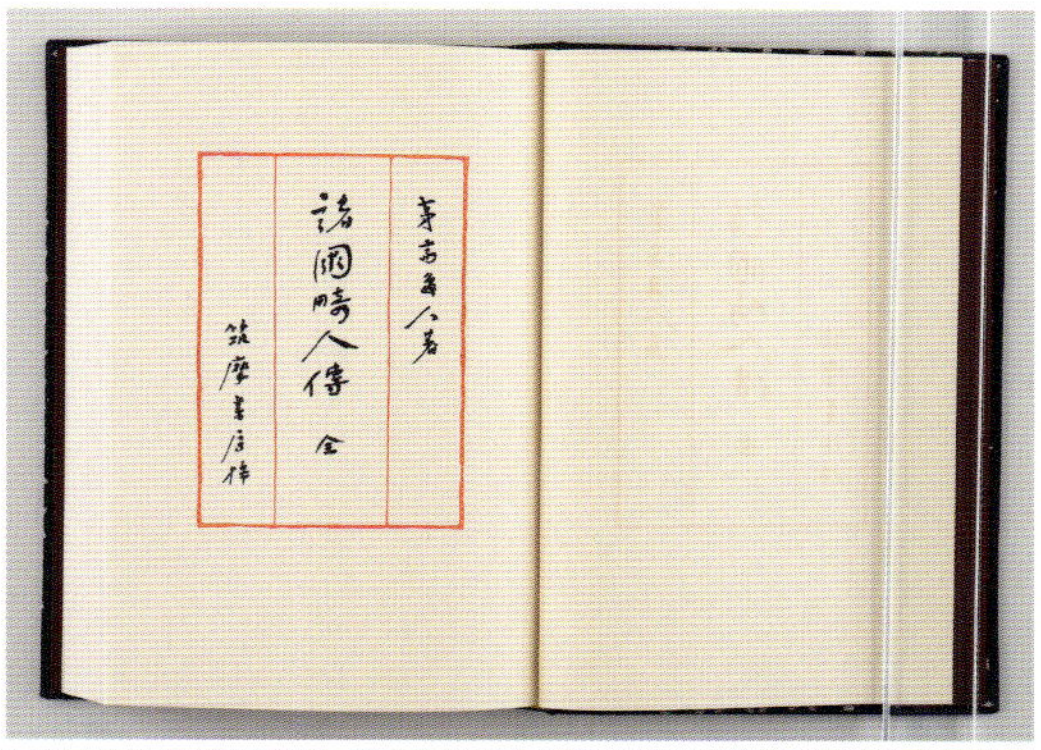

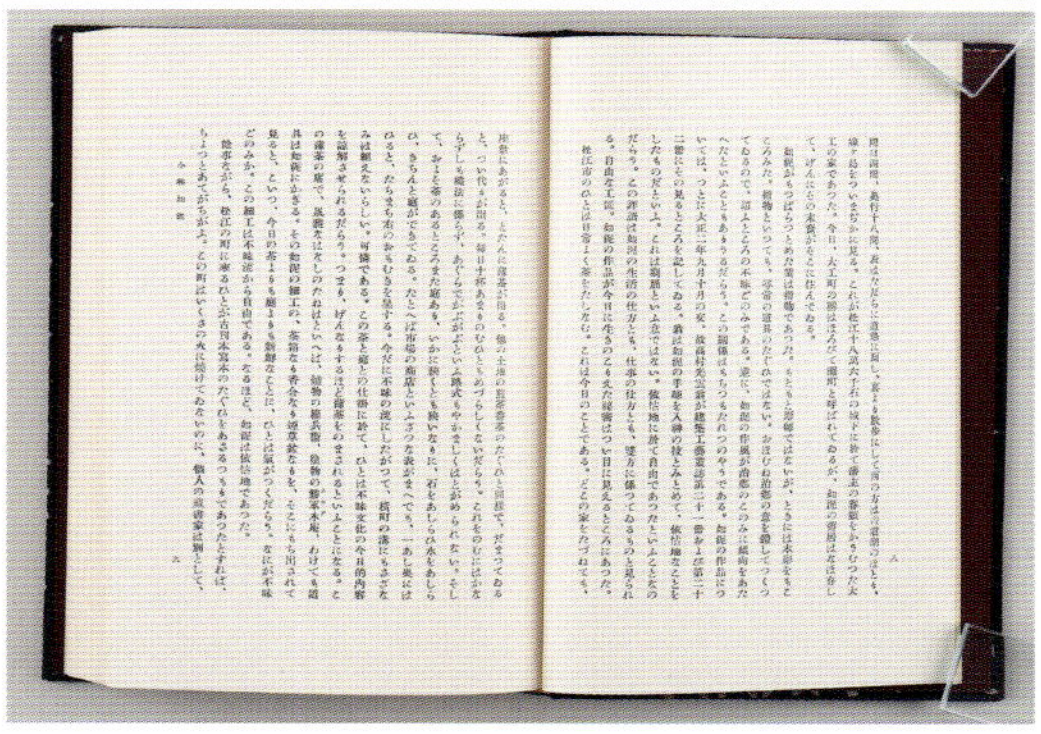

39

小林家勤功書（写）

原本：小林右助記
写：松崎昌信、堀越清峰
島根県立図書館蔵

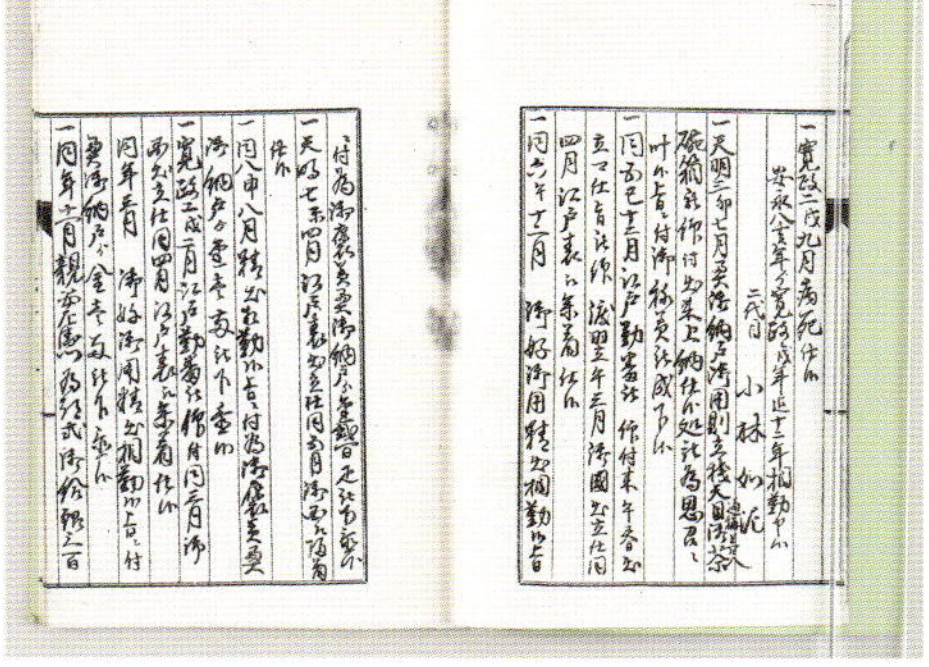

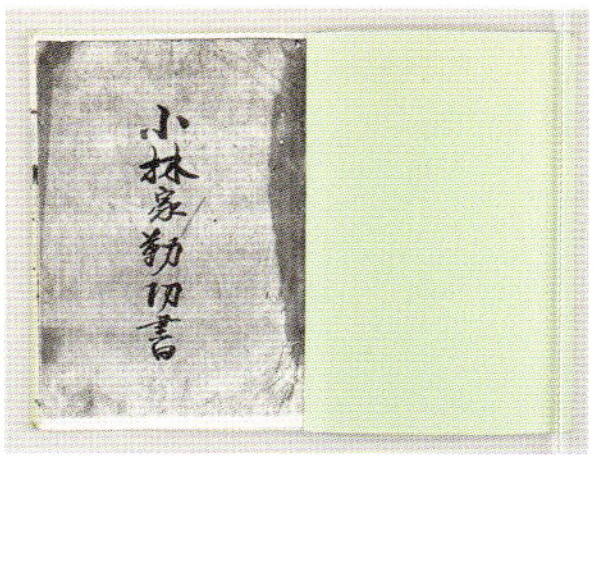

40

如泥と権兵衛

太田直行筆
島根県立図書館蔵

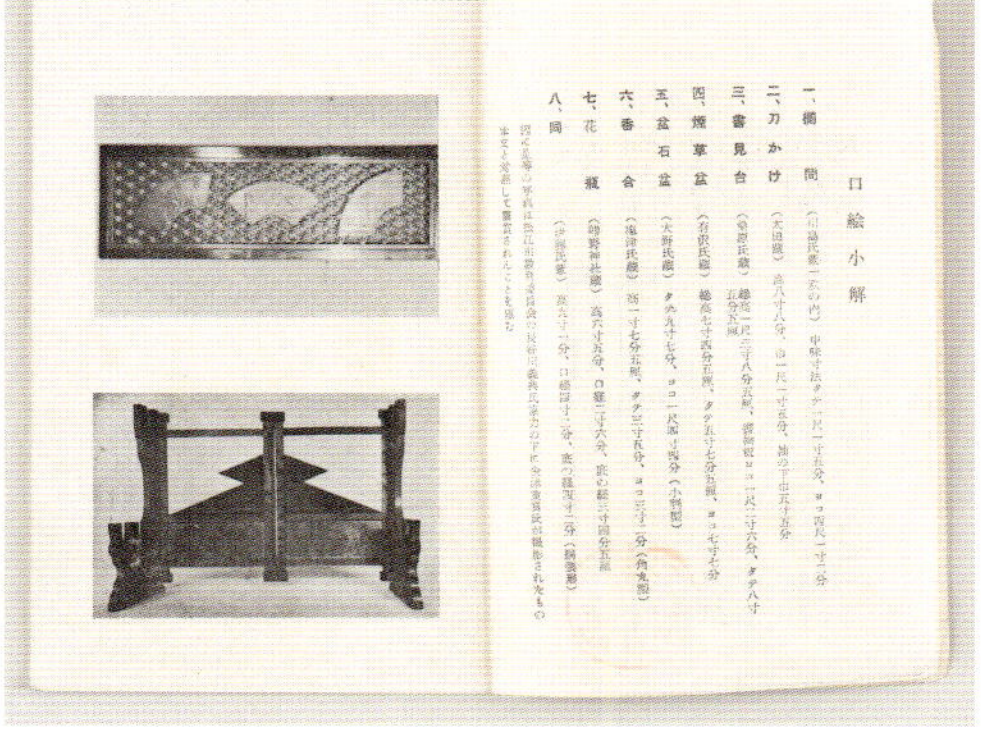

「小林如泥百年会」について

松平不昧の指導を受け、お好みものを作った陶工・楽山窯の長岡住《ながおかすみ》右衛《え》門《もん》や雲善窯の土屋雲善《つちやうんぜん》、漆工・小島漆壺斎《こじましっこさい》の名前は今日まで続いている。後世の人々が、それぞれの技術、作品、名前を残してきたからである。

如泥の名をより広めた事業の一つとして「小林如泥百年会」が挙げられる。同会は大正元年（一九一二）一一月二四日に常教寺（松江市寺町）で行われた。常教寺は、小林家の菩提寺である。同会では、松江近郊で所蔵される如泥作品や関連作品全二九点が展示された。中には、現在所在不明の実印や小林家勤功録がみられる。本展の開催経緯や当時の状況について、帝室技芸員・高村光雲《たかむらこううん》（一八五二―一九三四）が自著『小林如泥傳』にて記している。それには、松江出身の彫刻家・青山泰石《あおやまたいせき》（一八六四―一九三三）が小林如泥の百年忌に合わせて、松江の人々に如泥の作品を紹介したいという思いから、常教寺で作品を集めて展示を企画した。その会の中で法事を行い、常教寺に如泥の碑が建つまでになったことが『小林如泥傳』（一九二二年）で記されている。如泥の名は、東京でも「東の甚五郎、西の如泥」と称されるほどの名工であったため、技術者の間では知られている名であった。しかし、一般には多く知られていないため、光雲へ如泥に関する講座を頼み、如泥の知名度をあげるよう青山から依頼されたことまで記されている。

【「小林如泥百年会」出品作品】

一、刀掛
一、香合
一、七福神
一、大黒天
一、木製曲尺
一、如泥実印
一、糸巻
一、煙草盆
一、煙草盆
一、煙草盆
一、煙草盆
一、菓子器
一、釘無机
一、小林家勤功録
一、茶手前桐板透彫

一、薄板透彫　二枚
一、煙草盆
一、竹の硯箱
一、硯箱
一、重箱
一、畳枕
一、畳枕
一、火燵櫓
（以上如泥作）
一、御好形棗
一、ぬり茶杓
一、香合
一、御好一重切竹花挿（傳如泥作）
一、楽山焼向附
一、覆輪浮上陰陽麻葉透袖垣の写真

『松平不昧傳』（一九一七年）では、建造物を含めて四〇点ほどの作例が挙げられている。かつて、松江に多く存在した如泥の作品は、現在所在が不明な作品もある。例えば、桑原羊次郎が所蔵していた「如泥作水に虎糸透桑書見臺」（註1）や不昧が所持していたとされる「如泥作桑引出箪笥」（註2）「如泥作桑南天蒔絵見臺」（註3）「如泥作桑水差棚」（註4）などがあり、もし本展覧会での展示が叶えば、如泥の技術や工夫などがより一層お伝えできたことであろう。所在が不明な作品については、担当者の調査不足のためであるが、もしこのコラムをご覧になられ、ご存じの方がいらっしゃれば是非当館にお知らせいただければ幸いである。

その後も、如泥生誕二百年を記念して、昭和二九年に太田直行による『権兵衛と如泥』（報光社、一九五四年）が出版され、如泥の顕彰は続いた。また近年では、如泥没後二百年を記念し、出雲文化伝承館（出雲市）で開催された「名工如泥とその道統」（二〇一四年）では、数多くの如泥作品が展示され、その功績が顕彰された。その後も松平不昧に関する展示においては、不昧が贔屓にした職人の一人として必ず作品が展示されている。

明治に入り、如泥の名は一時忘れかけられたかと思いきや、その後も松江の人々が顕彰し、作品を伝え続けたからこそ、如泥は松江で愛され続けている。

1

2

3

4

図2-4は、東京文化財研究所より提供

（註1）「桑原雙蛙亭所蔵品入札」昭和九年開催
（註2）「平岡吟舟翁愛玩品入札」大正八年一〇月三〇日開催
（註3）「和田家並ニ某家所蔵品入札」昭和五一年一二月一三日開催
（註4）「一木庵高橋家旧家所蔵品入札」昭和五年一〇月二七日開催

第3章　如泥の意志を継ぐ人々

如泥に影響を受けた松江の彫刻家や指物師は多くいます。影響を受けた人物らは、彫刻家では荒川《あらかわ》亀斎《きさい》、指物師では梶谷東谷軒《かじたにとうこくけん》、堀越如應《ほりこしじょおう》などが挙げられます。いずれの人物も高い技術を誇り、松江の木工文化において重要な人々です。近代以降の如泥の顕彰は、大正元年（一九一二）に行われた「小林如泥百年会」が大きく影響しています。如泥の作品を多数展示し、彫刻家・高村光雲《たかむらこううん》を松江に招き、顕彰を行うものでした。光雲を松江に招いたのは松江出身の彫刻家・青山泰石《あおやまたいせき》です。作品制作や顕彰、そして如泥の逸話を伝え続けた人々がいるからこそ、如泥は今も松江の名工として名を馳せています。

41

麻葉透花籠牡丹浮彫書院欄間（上）
麻葉透菊水仙浮彫書院欄間（下）

梶谷東谷軒作
八雲本陣記念財団蔵

42

桑瓢簞麻葉透刀掛

梶谷東谷軒作
絲原記念館蔵

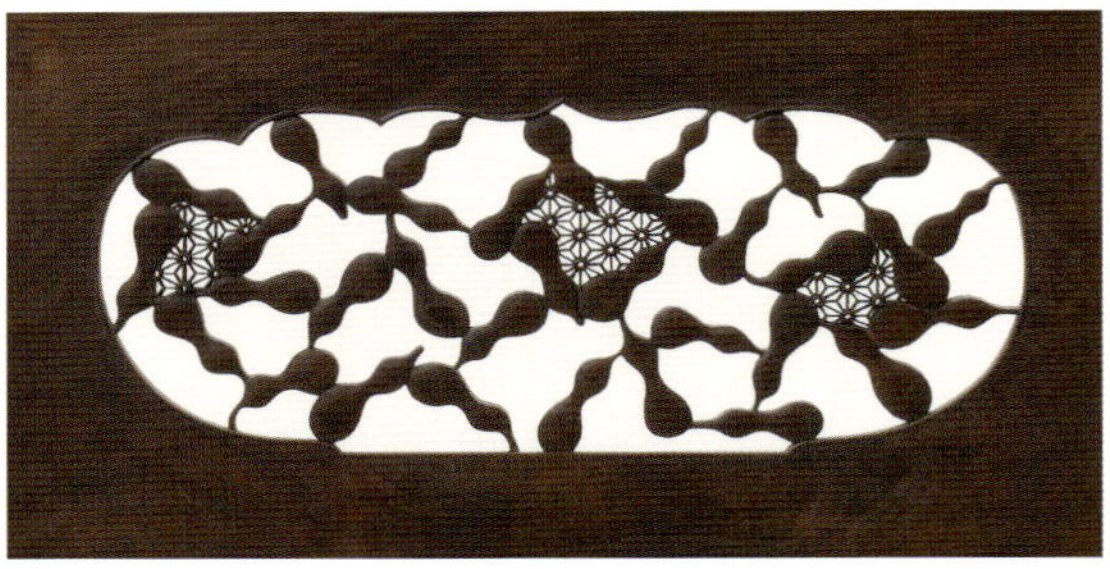

43

松平直政初陣銅像

青山泰石作

松江歴史館蔵

44
天平式軸盆
青山泰石作
島根県立美術館蔵

45
桑七宝瓢箪透舟底手付煙草盆
佐々木呑慶作
絲原記念館蔵

46
鷹像
荒川亀斎作
個人蔵

47
蝦蟇像
荒川亀斎作
個人蔵

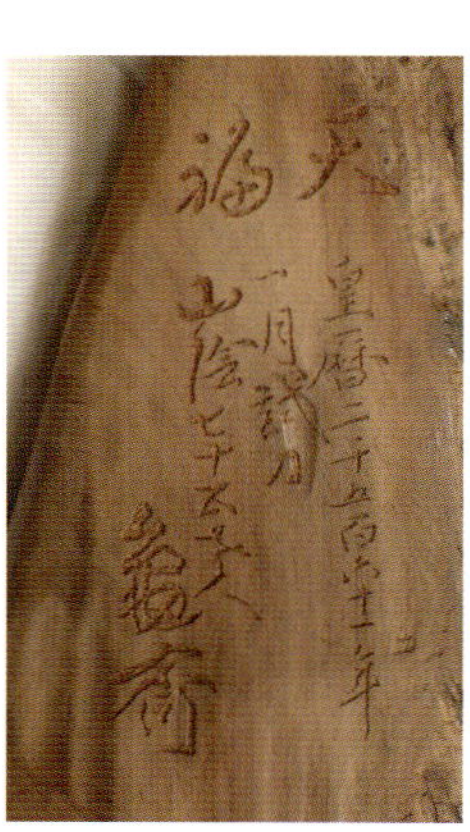

48

静御前像

荒川二代亀斎（來山）作
個人蔵（松江歴史館寄託）

49

双鶴図額

荒川二代亀斎（來山）作
松江歴史館蔵

50

於多福像

荒川三代友山作
個人蔵

51

寿老人像

荒川四代亀堂作
個人蔵

52

神代杉文台・硯箱

堀越嘉太郎（如應）作
個人蔵

53

五三桐透象嵌付書院欄間

堀越如應作
松江歴史館蔵

54

桐瓢箪透風炉先屏風

堀越如應作
松江歴史館蔵

55

桐七宝瓢箪透手付煙草盆

堀越如應作
八雲本陣記念財団蔵

56

縞桐花菱瓢箪透舟底手付煙草盆

堀越清峰作
松江歴史館蔵

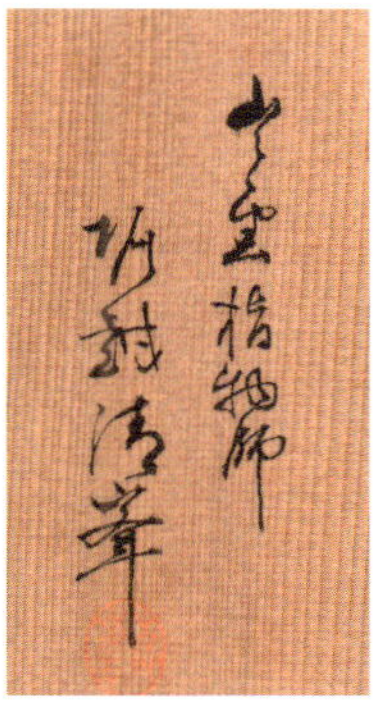

57

桑曲手付煙草盆

谷幽斎作
松江歴史館蔵

58

桑平棗

染地如錦作
個人蔵

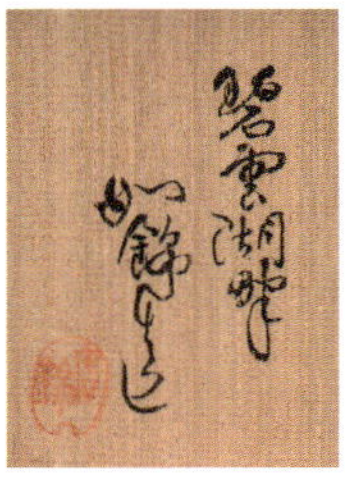

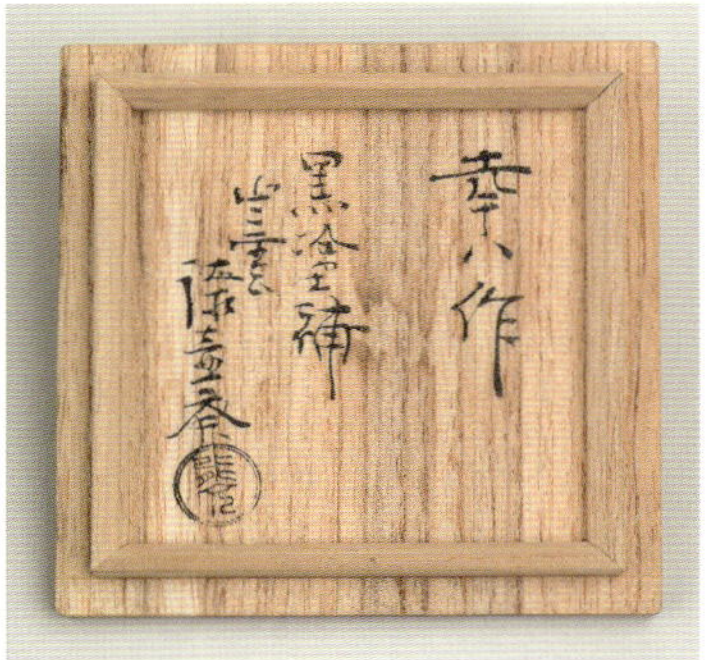

59

松竹梅中次

初代小林幸八作　塗：小島四代漆壺斎
個人蔵

60

鉄刀木鮟鱇茶器

小林幸八作
個人蔵

61

虫木地蒔絵棗

小林幸八作　蒔絵：小島仙三郎
島根県立美術館蔵

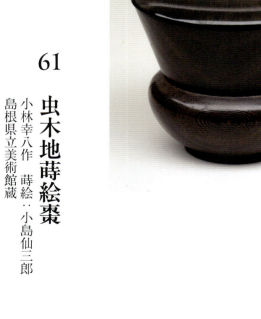

【作品解説】

1　袖《そで》障《しょう》子《じ》

小林如泥作
江戸時代（一八一一九世紀）
東京国立博物館蔵

松江藩松平家七代藩主松平治郷（号不昧）が江戸の大崎下屋敷（現東京都品川区）の庭園に造った十一の茶室のうち、眠《みん》雲《うん》亭《てい》に備わったと伝わる袖障子。一・七㎝ほどの厚板に麻の葉透かしの文様を陽刻と陰刻にする。陽刻である麻の葉透かしの輪郭線は約一㎜の細さでみごとに彫りあらわしている。上部や側面に異なる素材を組み込む点も注目される。側面の竹は、袖障子の形に合わせて曲げている。

本作は大崎の茶室の資料と照合することができ、如泥と松江藩主松平家とのつながりを示す稀有な作品である。

2　江《え》戸《ど》大《おお》崎《さき》茶《ちゃ》室《しつ》詳《しょう》細《さい》図《ず》

紙本墨書
明治時代（一九世紀）
松江歴史館蔵

大崎下屋敷の茶室や庭園の様子が細部まで記載された貴重な資料。眠《みん》雲《うん》亭《てい》内にある二畳丸炉の茶室「松荷」の項目には、「1　袖障子」と同じ特徴を持つ建具の絵に「勝手見きり之形大畧」「雲州之職人細工之由／奇躰ナル彫透しニ有之」の墨書がある。また、袖障子の絵には、「赤杉」「竹ユガミ」「かげ」「ひなた」「板ハ桐ノ様ニも相見へ候得共手落し不分」の文字も添えられる。本史料は、明治期の写しで、茶道研究家の堀《ほり》口《ぐち》捨《すて》己《み》旧蔵と伝える。大崎の茶苑に関する資料は数種類存在するが、その中でも袖障子に関する記述があるのは本資料のみである。

3　大《おお》崎《さき》御《ご》邸《てい》中《ちゅう》大《たい》概《がい》並《ならびに》同《どう》御《ご》亭《てい》十《じゅう》図《ず》

紙本墨書
安政五年（一八五八）写
島根県立美術館蔵

大崎茶苑内の茶室に関する冊子。「大崎邸中御数寄屋大概」、「大崎御亭十圖」（遠藤宗三所持之写）、「南《な》微《み》多《た》野《の》志《し》留《る》邉《へ》」をまとめたもの。「大崎邸中御数寄屋大概」は、各茶室に備わった建具などの特徴をまとめたもので、「大崎御亭十圖」は、各茶室の間取りを示す。

「大崎邸中御数寄屋大概」に、眠《みん》雲《うん》亭《てい》および、眠雲亭内にある「松荷堂模御茶屋」（松荷）についての建具や襖に描かれた絵画について記す。袖障子に関する記載は見られないが、眠雲亭の襖は金地に山水が描かれ、二枚の板戸には古永徳（狩《か》野《のう》永《えい》徳《とく》）の絵が描かれていたという。

4　小《こ》林《ばやし》家《け》勤《きん》功《こう》録《ろく》（小林如泥と其一家）

複写
原本：小林右助記
現代（二〇世紀）
島根県立図書館蔵

如《じょ》泥《でい》の息子・小林右助が記した小林家の勤功録の写し。如泥の父・安左衛門からの功績が三代にわたって記される。本資料の原本は、松江出身で刀装具や浮世絵の美術研究家、コレクターとして活躍した桑《くわ》原《ばら》羊《よう》次《じ》郎《ろう》（一八六八—一九五五）が所蔵していたことが「小林如泥百年会」の出品目録よりわかるが、現在は所在不明である。本資料は、その写本を複写したものである。

ほかにも陶芸家・松《まつ》崎《ざき》昌《まさ》信《のぶ》による大正四年（一九一五）の写本を、近代の指物師・堀《ほり》越《こし》清《せい》峰《ほう》が大正十二年（一九二三）に写したものの複製も存在する。後世に書き写されたからこそ、如泥の功績が今にも伝わる。

5　御《お》作《さく》事《じ》所《どころ》御《お》役《やく》人《にん》帳《ちょう》

紙本墨書
寛永一五年（一六三八）—享和二年（一八〇二）
個人蔵（松江歴史館寄託）

松江藩の寺社造営、松江城内の建物の建築、修理、橋梁の架け替え等を担った御《お》作《さく》事《じ》所《どころ》の年ごとの作事内容が書かれ、所属する人物の役職と名前も記される。

この帳面に、小林善八（如泥）の名前がある。本資料に、小林善八の名前が初めて出てくるのは天明五年（一七八五）である。「4　小林家勤功録（写）」では、父の名である安左衛門を継いだのは寛政二年（一七九〇）とし、剃髪し如泥と改号するのは寛政九年（一七九七）とするが、本資料内では全て善八の名前で統一されている。また、本史料と小林家勤功録に記される如泥に関する年代に差異があり、今後比較検討が必要とされる。

6　神狐《しんこ》（原型）

小林如泥作
江戸時代（一八—一九世紀）
城山稲荷神社蔵

文化五年（一八〇八）、如泥は松平不昧の命により、江戸の大崎下屋敷の茶苑にあった稲荷社に一対の神狐を納めた。その神狐は杉材の木目を生かした作品であったという。原型である本作とともに伝えられてきた台座の由緒書によって奉納された神狐の概略がわかる。由緒書の大意は、左の通りである。

不昧より狐の像を作ることを命じられた如泥は最初自分の感覚を頼りにざっくりしたものを彫り上げて不昧のお目にかけたところ、ことのほか気に入られた。そこで正式なものに取り掛かり、別に二体造り、不昧に献上した。この試作ともいうべき、最初の狐の像は、如泥の没後、小林家に残された。それを松江藩家老・三谷長信が譲り受け、しげしげと眺めてみると木目の活かし方などにも格別の工夫が見られた。なんといっても内に秘めた生き生きとした躍動感は見事なものだった。ただし、彫り込まれていない部分もあり、未完成ののようだった。そこで長信はいったん如泥の弟子に依頼して完成させようと考えるものの、それがとんでもない見当違いであることに気がついた。如泥のような名工の作品に、後の人が手を加えたのでは作品を台無しにしてしまう。こうしてこの像は、手を加えずに元の形のままの状態で、稲荷神社に奉納されることになった。以上のような経緯で伝えられている本作は、名工如泥の技能の真髄が窺える作品である。と記されている。


【台座墨書】

狐者如泥所刻即東邸大嵜稲荷祠前所安置之象式也初如泥奉　命之日先試目意之所寓粗摸刻一狐状以供　尊覧稱　旨矣遂別造二狐云如泥没之後象式猶傳於家家人言頗有怪異不可蔵焉余乃乞而得之細繹其巧頚背皆接木理毛色分赤黒腹以下則鑿馬耳未加剞劂然巧思所渉蹲踞之状宛然挟飛動之勢矣余惜其巧之未畢欲俾学於泥者継而刻成焉既而自悟是過矣嗚呼泥者良工也今俾弟子補其巧則得無非貂狗相續哉遂不加雕飾恭奉獻　祠前但恐後世以其未成怪之故記其實以寓巧詐不如拙誠之意焉爾

文政二年己卯二月初午日
致仕大夫三谷長信謹記

漢文の読解については、菊池隆雄氏のご教示による。

7　雲《うん》州《しゅう》侯《こう》大《おお》崎《さき》別《べつ》業《ぎょう》真《しん》景《けい》図《ず》巻《かん》

伝谷文晁画
江戸時代（一九世紀）
松江歴史館蔵

不昧没後の文政三年（一八二〇）十一月二十六日、江戸の大崎下屋敷を訪れた白河藩三代藩主松平定《さだ》信《のぶ》（楽《らく》翁《おう》）が家臣の南画家・谷《たに》文《ぶん》晁《ちょう》に苑内を描かせたと伝わる。広大な回遊式の庭園や茶室の様子がうかがえる図巻。如泥が一対の神狐を納めたと伝わる稲荷社も描かれている。二巻中の下巻で上巻は焼失した。

8　茶《ちゃ》箱《ばこ》

小林如泥作
江戸時代（一八—一九世紀）
東京国立博物館蔵

桐製の茶箱。桐文と菊文を浮き立たせるように彫りあらわしてしている。箱の角にかけて彫り出した文様が、一寸の狂いもなく接合している。蓋表に御《み》簾《す》と葵と源《げん》氏《じ》香《こう》が蒔絵であらわされている。抽《ひき》斗《だし》の中には、小箱が備わり、小箱の蓋表には蒔《まき》絵《え》で桐文をあらわす。また、蓋裏には金平蒔絵で小《こ》堀《ぼり》宗《そう》甫《ほ》（遠州）の和歌が記される。

9　桑《くわ》源《げん》氏《じ》香《こう》透《すかし》刀《かたな》掛《かけ》

小林如泥作
江戸時代（一八―一九世紀）
個人蔵

桑製の折り畳み式刀掛け。如泥の作品には折り畳み式刀掛けを複数見ることができる。本作は、源《げん》氏《じ》香《こう》の文様を透かし彫りし、腰板には黒柿を用いる。

10　桑《くわ》十《じゅう》牛《ぎゅう》図《ず》透《すかし》刀《かたな》掛《かけ》

小林如泥作
文化二年（一八〇五）
個人蔵

背板には向かって右側に後ろを向いた牛を、左側に木に寄りかかる牧童の風景を描く。作品名の「十牛図」とは、禅の修行の初めから悟りにかけての道程を牧童と牛に託してあらわした画題で、そのうちの一図を描く。背板の左下に「文化乙丑年／如泥作」と刻銘があり、文化二年（一八〇五）、如泥晩年の作であることがわかる。

11　桑《くわ》十《じゅう》牛《ぎゅう》図《ず》透《すかし》刀《かたな》掛《かけ》

小林如泥作
江戸時代（一八―一九世紀）
島根県立古代出雲歴史博物館蔵

本作の刀を置く部位などは桑を使い、図が彫られている鏡《かがみ》板《いた》には、欅《けやき》の玉《たま》杢《ぼく》が使われている。牧童の表情や牛の脚、尾などは、光も通さないほどの細い線で彫られているにもかかわらず、線は迷いがなく、作者の技量の高さがうかがえる。松江藩家老家旧蔵。

12　欅《けやき》桑《くわ》富《ふ》士《じ》見《み》西《さい》行《ぎょう》図《ず》透《すかし》刀《かたな》掛《かけ》

小林如泥作
江戸時代（一八―一九世紀）
松江歴史館蔵

刀を置く部位などは桑を使い、厚さ三㎜ほどの欅の鏡《かがみ》板《いた》に富士見西行図を細く透し彫りする。向かって左側に富士山、右に僧侶であり歌人である西《さい》行《ぎょう》法《ほう》師《し》をあらわす。脚裏に「如泥作」の彫銘がある。本作を注意深く見ると、松の幹の下部、西行の袖《そで》、雲の下などに糸《いと》鋸《のこ》を入れた跡である穴がある。本作に用いられた糸鋸は、先端が細いのが特徴で、現代の糸鋸の一番細い型のものよりも細いものである。

技法の詳細については須田賢司氏（重要無形文化財「木工芸」保持者）のご教示による。

13　木《もく》画《が》蒔《まき》絵《え》菊《きっ》花《か》文《もん》透《すかし》冠《かんむり》棚《だな》

伝小林如泥作
江戸時代（一八―一九世紀）
サントリー美術館蔵

鉄《たが》刀《や》木《さん》・黄《つ》楊《げ》・黒《くろ》柿《がき》・花《か》櫚《りん》・香《ちゃん》椿《ちん》・檳《び》榔《ろう》などの木材を市松模様のように組み合わせた寄木張りを表面に貼り付けた冠《かんむり》棚《だな》。左右の側板に黒漆塗の菊雲文透かしを設ける。縁には細かい彫刻を施し、隅金具などは銀製で魚《な》々《な》子《こ》地に梅唐草文を刻む。脚と透かしにも銀の枠をはめる。天板および脚裏は、蒔《まき》絵《え》粉の一種である梨《な》子《し》地《じ》粉を敷き詰めている。

本作の由来が箱の貼紙に記されており、本作は、元所蔵者の口伝で、松平家家令・安井泉（一八四五―一九二四）が所蔵した如泥作の寄木細工の硯箱と類似することから如泥作とされている。『松平不昧傳』には、「安井泉氏蔵の寄木硯箱を見れば、如泥が江戸を往返する際、箱根邊の寄木細工に心を留めしを思ふべし」との記載があり、貼紙の記述の根拠をみることができる。箱の蓋表に銀《ぎん》平《ひら》蒔《まき》絵《え》で「治郷卿／御冠棚」とある。

【貼紙　（釈文）】
　覚
寄木細工　冠卓

右は雲州家より出て東都ノ
山田氏より求之
御家敷御口傳ニて
如泥作　箱根細工より
罷出したる別作品の

故を以て御秘蔵ありし由
現在東京在住の旧雲州家
家老　安井静《ママ》氏所蔵の
寄木硯箱と同作也
右之記事　不昧傳
なる書物ニのせる参酌
すへし
暮庵主人誌

14　竹《たけ》一《いち》重《じゅう》切《ぎり》花《はな》入《いれ》

松平不昧・小林如泥作
江戸時代（一八－一九世紀）
島根県立美術館蔵

下に向かって広がるどっしりとした姿の竹一重切花入。正面に激しい割れ目があり、この割れ目は作為的なものではなく、自然にできたものであるが、この部分を選び取ったところに不昧と如泥の美意識が見られる。不昧が所蔵した竹の花入は数多くあるが、著名なのが茶人・千《せんの》利《り》休《きゅう》作《竹一重切花入　銘　園《おん》城《じょう》寺《じ》》（東京国立博物館蔵）であろう。同作も本作と同じく正面に大きな割れ目がある。花入の背面に不昧の花押である爪印花押を墨書で記す。

15　桐《きり》瓢《ひょう》箪《たん》透《すかし》袋《ふくろ》棚《たな》

小林如泥作
江戸時代（一八－一九世紀）
島根県立美術館蔵

松平不昧が手元に置いていたと伝わることから「座右棚」とも呼ばれた桐材の袋棚。本作の見どころは、各所に施された透かし彫りである。腰板の正面に麻葉地に瓢《ひょう》箪《たん》の透かし彫り、側面に陰刻と陽刻の桐文、中央の仕切りにも花《か》頭《とう》窓《まど》の透かしを設け、天袋の引戸には、菊と芙蓉を描く。大正六年（一九一七）に開催された東京榛原氏所蔵品入札の売立目録に掲載された際は、「不昧公所持如泥作書棚」の名が伴う。

16　葵《あおい》紋《もん》透《すかし》煙《たば》草《こ》盆《ぼん》

小林如泥作
江戸時代（一八－一九世紀）
島根県立美術館蔵

桐材の煙《たば》草《こ》盆《ぼん》。背板に葵紋を透し彫りする。葵紋の周囲の円に膨らみがあり、地を削って葵紋を浮き立たせるように彫られていることがわかる。この技法は、「8　茶箱」にも見ることができる。手前に煙《き》管《せる》を置く段差を設ける。

17　桑《くわ》瓢《ひょう》箪《たん》透《すかし》煙《たば》草《こ》盆《ぼん》

小林如泥作
江戸時代（一八－一九世紀）
個人蔵

桑製の煙《たば》草《こ》盆《ぼん》。手前に瓢《ひょう》箪《たん》の透かし、奥に格《こう》狭《ざ》間《ま》の透かしを設ける。手前の三つの透かしのうち、二つは瓢箪型にくりぬき、もう一つは輪郭線のみを彫って瓢箪をあらわす。瓢箪文は不昧好みのモチーフとされ、不昧周辺の作品に多くみられる。

18　桑《くわ》桐《きり》瓢《ひょう》箪《たん》透《すかし》手《て》付《つき》煙《たば》草《こ》盆《ぼん》

小林如泥作
江戸時代（一八－一九世紀）
個人蔵

桑製の把《とっ》手《て》付きの煙《たば》草《こ》盆《ぼん》。桐文と瓢箪文の透かしを対角線に設ける。桐文は、花と葉の一部を透かし彫りであらわしている。瓢箪文は輪郭線のみを彫り透かしているが、よく見ると三箇所にごく細い繋がりを残しているため、抜け落ちないようになっている。

19　焼《やき》桐《きり》曲《まげ》瓢《ひょう》箪《たん》透《すかし》桑《くわ》手《て》付《つき》煙《たば》草《こ》盆《ぼん》

小林如泥作
江戸時代（一八－一九世紀）
絲原記念館蔵

身の縁にゆるやかな段差が設けられているほか、両側面に瓢箪の透かしを彫った焼桐材の丸煙《たば》草《こ》盆《ぼん》。木材を曲げて成型する曲げ物のように表現されている。把《とっ》手《て》は桑材で、持ち手部分がねじれるように細工する。松江の金工家・塩《しお》津《つ》正《まさ》寿《とし》（一八九五―一九七九）が制作した煙管《きせる》を備え、さらに同氏が本作を如泥《じょでい》作とする極め書きがある。

付属品：火入（赤絵）、火箸、煙管（塩津正寿作）

20 桑《くわ》四《し》方《ほう》手《て》付《つき》煙《たば》草《こ》盆《ぼん》

小林如泥作
江戸時代（一八―一九世紀）
絲原記念館蔵

桑製の把手《とって》付き煙草盆。四隅は「矩形《くけい》三枚組み継ぎ」という継ぎ方で繋ぎ、赤味がある別材の木釘を上からさしている。さらに、抽斗《ひきだし》を正面に設け、把手《とって》を桜の皮とし趣向が凝らされている。

松江藩の家老、三谷半大夫《みたにはんだゆう》が、松江藩主より拝領した作品であることが箱書きからわかる。

付属品：金銅製火入、金銅製火箸
蓋裏「従／出雲太守松江亀田山千鳥城主四位将不昧公／桒煙草盆 一面／松江小林如泥作／御拝領／城臺家老／三谷半大夫」

21 桐《きり》橘《たちばな》透《すかし》煙《たば》草《こ》盆《ぼん》

小林如泥作
江戸時代（一八―一九世紀）
松江歴史館蔵

桐の板を四角に組み上げた正方形の煙草盆《たばこぼん》で、前後の板に橘を透かし彫りであらわし、左右に透かしの持ち手を設ける。器胎の口辺まわりと釘穴飾り、持ち手部分を黒壇で装飾する。

22 桑《くわ》梅《ばい》花《か》透《すかし》手《て》付《つき》煙《たば》草《こ》盆《ぼん》

小林如泥作
江戸時代（一八―一九世紀）
個人蔵

長方の面に梅の花を透かし彫りした手付煙草盆。梅の花の透かし彫りには、片面が花弁部分を透かしたもの、もう片面が輪郭線のみを彫り透かしたものとある。

23 桑《くわ》吹《ふき》貫《ぬき》金《きん》唐《から》皮《かわ》手《て》付《つき》煙《たば》草《こ》盆《ぼん》

小林如泥作
江戸時代（一八―一九世紀）
個人蔵

煙草盆《たばこぼん》の底にある抽斗《ひきだし》の表面に金唐皮《きんからかわ》を貼りつけている点に特徴がある。四つの桟《さん》を組み合わせた上に付属の底板を敷き、隙間に煙《きせ》管《る》を置くための立て付けを置く構造になっており、工夫が凝らされている。金唐皮とは、子牛などのなめし皮に、銀箔を貼りワニス（ニス）を塗り、版木にプレスして模様を浮き上がらせ、最後に手彩色して仕上げたもので、この加工により黄金に輝く皮になる。金唐皮は十六世紀にイタリアで生まれた。日本では需要が少なかったものの、西洋趣味の流行とともに、煙草入れや紙入れを始め、陣羽織にまで使用された。

箱の蓋表に「大圓庵様御不断御持／桑吹貫御煙草盆」の墨書がある。

24 桑《くわ》曲《まげ》手《て》あぶり

伝 小林如泥作
江戸時代（一八―一九世紀）
島根県立美術館蔵

桑材を丸形に曲げて製作した手あぶり。丸く平たい脚は同じ桑材である。脚は、側面に深くつけられ、装飾としての留め具に籐を用いている点が興味深い。

25 古《こ》今《きん》松《まつ》香《こう》合《ごう》

小林如泥作
江戸時代（一八―一九世紀）
個人蔵

本作の蓋裏に「丹後田邊古今松」「一々」の墨書があることから、不味《ふまい》が丹後田辺（現京都府舞鶴市）の古松を用いて、如泥に作らせた香合であることがわかる。

26 香《こう》合《ごう》・香《こう》盆《ぼん》

小林如泥作
江戸時代（一八―一九世紀）
松江歴史館蔵

鉄刀木の菱形香合と桑材の香盆で、香盆の表面左上部に山影、右下部に船の帆が彫られる。また、左下部に「如泥」の彫銘がある。『松平不昧傳』（一九一七年）には「古津元市氏藏の香箱及香盆」と掲載される。なお、古津元市《こづもといち》は、松江白潟魚町の茶人で商家の主であった人物である。

27 竹《たけ》簪《かんざし》

小林如泥作
江戸時代（一八―一九世紀）
個人蔵

茶杓に近い形の竹の簪には鈴がつけられ、金蒔絵が施される。六角形の飾りがついた簪には、六角形の飾りに金平蒔絵で唐草が描かれる。

如泥作の簪について、石川淳『諸国畸人傳』（一九五七年）に次のような逸話が記載されている。如泥の娘が年頃になり、銀の簪を欲しがったが如泥の家は貧乏なので、買ってやることができなかった。如泥は自ら竹で作った簪を娘に贈った。娘は、その簪を髪につけて外に出たものの、人の目にこの竹の簪がみすぼらしく見えてるのではと思い、恥ずかしくて歩くこともできなかった。しかし、娘の友達がこの竹の簪を見て、ほめたたえ、その評判は町中にひろがり、娘たちは銀の簪よりも竹の簪をつけたがったという。

【箱書　蓋裏】
竹製簪二本小林如泥翁作シテ気韻髙ク雅趣富ム
昭和五年九月吉日　帝国技藝員髙村光雲誌（朱方白文印）（白方朱文印）

28 紫《し》檀《たん》牡《ぼ》丹《たん》彫《ぼり》櫛《くし》・笄《こうがい》

小林如泥作
江戸時代（一八―一九世紀）
個人蔵

牡丹の花弁および葉が彫られた紫《し》檀《たん》の櫛と笄。箱の蓋裏に彫刻家・高村光雲の極め書きがある。櫛の図柄は表裏がつながるように岩と咲き乱れる牡丹が緻密に彫りあらわされる。岩の凹凸を点描であらわすなど細やかな表現に注目したい。

【箱書　蓋裏】
此櫛笄ハ如泥翁作ニシテ紫檀古材ヲ用工最モ優雅作品ナリ
昭和五年仲秋
帝国美術院会員髙村光雲誌（朱方白文印）（白方朱文印）

29 蕪《かぶ》大《だい》根《こん》図《ず》額《がく》

伝 小林如泥作
江戸時代（一八―一九世紀）
灘町内会蔵

現在の松江市灘町《なだまち》の一部は、江戸時代には大工町と呼ばれ、堀《ほり》尾《お》吉《よし》晴《はる》（一五四三―一六一一）が松江城築城の際、大工を集めてそこに住まわせたことに地名の由来がある。如泥の生家もその町にあった。今は碑があるのみである。灘町には如泥作の歳徳宮があり、その宮をおさめる蔵に本作も納められる。本作は、中央に丸々とした蕪二つを蕪の右下に大根一本を立体的に彫りあらわす。蕪と大根は繁栄を願う普遍的な図柄として江戸時代の工芸品に多く見られる図柄である。

30 灘《なだ》町《まち》親《しん》交《こう》会《かい》記《き》録《ろく》

内藤太一郎記
昭和時代（二〇世紀）
灘町町内会蔵

本資料は、灘町《なだまち》にある如泥作の歳徳宮《としとくのみや》にまつわる行事などを当時、灘町親交会会長であった内藤太一郎が記録したもの。昭和二二年（一九四七）十一月に昭和天皇が来松した際に灘町の歳徳宮を見学されたことなどが記録され、灘町および松江市にとって重要な史料である。

31 板額《いたがく》 御銘《ごめい》 たまみず・やまかつら

小林如泥作
江戸時代（一八―一九世紀）
彩雲堂蔵

如泥《じょでい》の作と伝えられる看板。不昧《ふまい》の筆跡で菓銘「たまみす」「やまかつら」が彫られる。額縁には葵紋が彫られる。裏には本作の由緒が朱漆で記される。

【裏面】
雲隠太守松江
亀田山千鳥城主
松平出羽守治郷公
大日本宗匠
大圓庵不昧太君
御前筆
奉命雲龍
彫刻小林如泥
謹職之

32 桐《きり》炬《こ》燵《たつ》櫓《やぐら》

小林如泥作
江戸時代（一八―一九世紀）
個人蔵

桐製の炬《こ》燵《たつ》櫓《やぐら》。炬燵櫓とは、木枠の中に火鉢などの熱源を入れ、上に布団をかけた暖房器具のこと。炬燵櫓の多くが立方体であるが、本作は全体に丸みを帯びている。円形の天板は桐の一材で十三個の穴があいている。枠の上下は四本の差し込み式の脚でつなぐ。中に格子を組んだ半円形の枠を二つ組み合わせ、さらに、外から半円の枠を組み合わせることで、枠下を固定する複雑な構造である。

33 桑《くわ》折《おり》畳《たたみ》文《ふ》机《づくえ》

小林如泥作
江戸時代（一八―一九世紀）
個人蔵

桑製の折り畳み式の机。広げると書見台もつく。天板表面には紺のラシャ（厚手の毛織物の一種）が貼られている。天板側面の四隅に、銀の縁取りのある水色の石の装飾があしらわれている。

組み立て方法は、折り畳んだ状態からまず板脚を起こし、天板を開く。天板裏中央に設置された平たい鉄板をスライドさせ、天板を安定させる。最後に書見台を起こして金具で固定する。如泥は本作以外にも、工夫を凝らした折り畳み式の作品を製作しており、本作はその代表作である。

34 折《おり》畳《たたみ》梯《はし》子《ご》

小林如泥作
江戸時代（一八―一九世紀）
長満寺蔵

杉の棒を上下にスライドするように開くと、踏《とう》桟《ざん》（足をかける部位）があらわれ梯子《はしご》になる道具。本作を所蔵する長満寺《ちょうまんじ》（松江市寺町）で長年使われてきた。両側の支柱の内側に梯子の踏桟部位が収まるようにくぼみを彫りこみ、畳めるようになっている。基本の木材は杉、踏桟部位は樫と、異なる材が用いられている。

35 麻《あさの》葉《は》図《ず》透《すかし》額《がく》

小林如泥作
江戸時代（一八―一九世紀）
城山稲荷神社蔵

周囲に陰刻で麻葉文様をあらわし、中央に龍の彫刻をはめた扁額《へんがく》。麻葉文様は中央の円が膨らむ。中央にある龍の彫刻は周囲の麻葉文様と作風が異なるようにみえ、麻の葉透かしは如泥作で、龍の彫刻の作者は別であろう。

41

麻葉《あさのは》透《すかし》花籠《はなかご》牡丹《ぼたん》浮彫《うきぼり》書院《しょいん》欄間《らんま》
麻葉《あさのは》透《すかし》菊《きく》水仙《すいせん》浮彫《うきぼり》書院《しょいん》欄間《らんま》

梶谷東谷軒作
江戸時代末期（一九世紀）
八雲本陣記念財団蔵

本作は松江市宍道町にある松江藩の本陣である木幡家の書院の欄間《らんま》である。現在、建物が解体修理中のため展示が可能となった。陰彫の麻葉透かしに花卉を精巧に彫り出した一対の欄間。表裏に同じ文様を彫る。片方には花籠に入った牡丹を、もう片方には花器に入った菊および水仙を彫りあらわす。麻葉透かし彫には、麻葉の面ごとに傾斜がつけられる。如泥《じょでい》作の麻葉透かし彫りにはみられない特徴である。

作者の梶谷東谷軒《かじたにとうこくけん》（?―一八五三）は、現在の雲南市加茂町出身で、弟子を取らなかった如泥に私淑し学んだとも伝わる人物である。

42

桑《くわ》瓢箪《ひょうたん》麻葉《あさのは》透《すかし》刀掛《かたなかけ》

梶谷東谷軒作
江戸時代末期（一九世紀）
絲原記念館蔵

桑製の刀掛け。中央の鏡板には、瓢箪《ひょうたん》繋ぎの透かし彫りに、ところどころに麻葉透かしを彫る。麻葉透かしの一つの文様の大きさは、小さいものの、狂いなく彫りあらわしており、作者の技術の高さがわかる。

43

松平《まつだいら》直政《なおまさ》初陣《ういじん》銅像《どうぞう》

青山泰石作
大正一〇年（一九二一）ごろ
松江歴史館蔵

本作は、大坂冬の陣における松平直政の初陣十四歳の姿である。『松江城 歴代藩主の菩提寺』（一九八〇年）によると、青山泰石《あおやまたいせき》は八年がかりで本作を二体制作した。二体制作した理由として、一体は松江神社に奉納し、もう一体は当時の松江松平家当主松平直亮《なおあき》に献上するためであった。直亮は多くの人に見られた方が良いとの考えで、靖国神社に奉納した。その後、松江市が譲り受け、一時は松江市長室にあったが、松江郷土館に移された。松江郷土館の閉館に伴い、松江歴史館の所蔵となった。

青山泰石（一八六四―一九三三）は、松江市殿町出身の彫刻家である。彫刻家・高村光雲《たかむらこううん》が来松したのも青山が高村に如泥作品の調査および講演を依頼したことが大きなきっかけだった。

44

天平式《てんぴょうしき》軸盆《じくぼん》

青山泰石作
大正時代（一九世紀）
島根県立美術館蔵

中央に木象嵌《もくぞうがん》で孔雀をあらわし、盆の立ち上がりには、唐草文を透かし彫りし、漆塗りをした上に金箔を貼る。象嵌部分を見ると、孔雀の羽には色の異なる木材を使い分けて模様をあらわし、足元の小さい花には紅色に着色したであろう木材をはめ、細やかな技が発揮されている。箱書に「天平式軸盆」、底裏に「泰石作」と彫り、金字にしている。

45

桑《くわ》七宝《しっぽう》瓢箪《ひょうたん》透《すかし》舟底《ふなぞこ》手付《てつき》煙草盆《たばこぼん》

佐々木呑慶作
江戸時代（一九世紀）
絲原記念館蔵

桑製の煙草盆。箱の長辺に花菱と瓢箪を組み合わせた複雑な文様を透かし彫りしてあらわす。箱と把手は玉縁《たまぶち》とする。底は船底と呼ばれる形状である。

佐々木呑慶《ささきどんけい》（生没年不詳）は、松江の指物師《さしものし》で、駒遊斎《こまゆうさい》とも称した。

箱の蓋表の箱書に「宗納公御好形」と記す。なお、宗納公は不昧が大徳寺の住職・無学宗衍から授かった号で、宗納の号は晩年まで使われた。

46

鷹像《たかぞう》

荒川亀斎作
明治時代（一九世紀）
個人蔵

動きのある岩に止まる凛々しい鷹をあらわした作品。鷹の目には玉石《ぎょくせき》が埋め込まれている。鷹の体から岩まで一木で作られている。羽毛の模様や毛並みは細かく刻みを入れて、岩は表面を滑らかに艶を出して仕上げ、質感の差を見事な造形力であらわしている。底に「山陰／亀斎刻」の刻銘がある。箱の蓋裏に「祖父／亀斎作」「荒川友山」と極め書きを墨書で記す。荒川亀斎《あらかわきさい》（一八二七―一九〇六）は、現松江市横浜町で大工の息子として生まれる。

木工を如泥の流れをくむ福島卯八《ふくしまうはち》に学び、絵画なども行った多彩な工芸家であった。

47 蝦蟇像《がまぞう》

荒川亀斎作
明治三四年（一九〇一）
個人蔵

今にも動きそうなほど精密な表現であらわされた大蝦蟇《おおがま》。目には白色と黒色二種類の石材が埋め込まれており、凹凸が見られる。底裏に「天福／皇暦二千五百六十一年／一月試刀／七十五才人／亀斎」の刻印がある。

48 静御前像《しずかごぜんぞう》

荒川二代亀斎（來山）作
明治時代（一九世紀）
個人蔵（松江歴史館寄託）

荒川《あらかわ》二代《にだい》亀斎《きさい》（來山《らいざん》）（一八六二―一九一二）は、初代亀斎の息子で、優れた技術と表現力で作品を残した。特に本作は静御前が向きを変えながら一歩進み袖を振り上げた一瞬を見事に捉えた作品。袖の格子柄と蝶を細やかに彫り表しているのも見所である。

49 双鶴図額《そうかくずがく》

荒川二代亀斎（來山）作
明治時代（一九世紀）
松江歴史館蔵

二羽の鶴を画面いっぱいに彫りあらわした迫力のある作品。鶴を写実的にあらわしているのに対し、背後の荒々しい波は岸にあたりはじける様子がダイナミックにあらわされている。鶴の羽の流れを細やかに彫り込み、立体感をあらわす。

右下に「二一　亀斎」の刻銘がある。

50 於多福像《おたふくぞう》

荒川三代友山作
昭和時代（二〇世紀）
個人蔵

緩やかな曲線で女性をあらわした作品。彩色を施し、顔と腕の部分に金箔をあしらう点が特徴である。作品の背には「東福点前／幸右衛門」とあるが、箱の蓋には「於多福幸右衛門写し」、蓋裏に「荒川友山（白文方印）」と墨書で記され、荒川二代亀斎（來山）の長男、三代荒川友山の作であることがわかる。

51 寿老人像《じゅろうじんぞう》

荒川四代亀堂作
昭和時代（二〇世紀）
個人蔵

顔や衣服に細やかな彫刻を施した本作は、荒川二代亀斎の次男で、彫刻家としての荒川家四代目にあたる荒川亀堂の作品。

52 神代杉文台《じんだいすぎぶんだい》・硯箱《すずりばこ》

堀越嘉太郎（如應）作
明治時代（一九世紀）
個人蔵

桑と杉の二材を中央で接いで仕立てた文台は、装飾は少ないながらも筆返しに桑材を使用し、半円形とするなど隅々まで趣向がこらされ、如應《じょおう》の技の細やかさがうかがえる。

硯箱《すずりばこ》は、被せ蓋《ぶた》造り、隅は小さく丸くする。内側と外側で異なる材を使用し、外側には杉、蓋の内側には桑、身の内側には黒柿が使用されている。箱書に「堀越嘉太郎《よしたろう》」の墨書があることから、如應を名乗る前の若い頃の作品であることがうかがえる。

53 五《ご》三《さんの》桐《きり》透《すかし》象《ぞう》嵌《がん》付《つけ》書《しょ》院《いん》欄《らん》間《ま》

堀越如應作
明治時代(一九世紀)
松江歴史館蔵

54 桐《きり》瓢《ひょう》箪《たん》透《すかし》風《ふ》炉《ろ》先《さき》屏《びょう》風《ぶ》

堀越如應作
明治時代(一九世紀)
松江歴史館蔵

55 桐《きり》七《しっ》宝《ぽう》瓢《ひょう》箪《たん》透《すかし》手《て》付《つき》煙《たば》草《こ》盆《ぼん》

堀越如應作
明治時代(一九世紀)
八雲本陣記念財団蔵

堀《ほり》越《こし》如《じょ》應《おう》は、文《ぶん》二《じ》という指《さし》物《もの》師《し》のもとで修行した。初めは直《じき》応《おう》と称し、技術を認められ彫刻家・青《あお》山《やま》泰《たい》石《せき》の推薦で、東京の小松宮家別邸の建築に携わる。この仕事により名を揚げてからは如泥の如の字をとり、如《じょ》應《おう》と改めた。透かしや曲げを得意とし、煙《たば》草《こ》盆《ぼん》などに優れた作品を残す。如泥に大きく影響を受けた近代の松江の名工の一人である。

56 縞《しま》桐《ぎり》花《はな》菱《びし》瓢《ひょう》箪《たん》透《すかし》舟《ふな》底《ぞこ》手《て》付《つき》煙《たば》草《こ》盆《ぼん》

堀越清峰作
明治時代(一九世紀)
松江歴史館蔵

「45 桑七宝瓢箪透舟底把手付煙草盆」と同じ透かし彫りを施した煙草盆。文様と把手部分に桑を用いる点が右作と異なる点である。

堀《ほり》越《こし》清《せい》峰《ほう》(一八八八―一九五二)は、堀《ほり》越《こし》如《じょ》應《おう》の長男で、本名は精(清)一、始め清峰(峯)、のち精峰と称した。本作の箱書には「清峯」の墨書があり、熟年期の作品だとうかがえる。

57 桑《くわ》曲《まげ》手《て》付《つき》煙《たば》草《こ》盆《ぼん》

谷幽斎作
昭和時代(二〇世紀)
松江歴史館蔵

谷《たに》幽《ゆう》斎《さい》(一八七五―一九六四)は、現松江市末《すえ》次《つぐ》本《ほん》町《まち》に生まれた指《さし》物《もの》師《し》で、名前は熊太郎といい、茶道具や茶箱などを制作した。

58 桑《くわ》平《ひら》棗《なつめ》

染地如錦作
昭和時代(二〇世紀)
個人蔵

波のように美しい木目が特徴の平《ひら》棗《なつめ》。染《そめ》地《じ》如《じょ》錦《きん》(一八八五―一九四八)は、現在の松江市殿《との》町《まち》に生まれ、名前は源といった。明治三十九年(一九〇六)に北《きた》堀《ほり》町《まち》で家業の轆《ろく》轤《ろ》業《ぎょう》につき、棗《なつめ》や香《こう》合《ごう》などの茶器を制作した。作品は独自の工夫を重ね各種展覧会で受賞した。

59 松《しょう》竹《ちく》梅《ばい》中《なか》次《つぎ》

初代小林幸八作　塗:小島四代漆壺斎
昭和時代(二〇世紀)
個人蔵

身を竹、天板を松、底板を梅と、三種類の材を組み合わせて作られた中次。内は小《こ》島《じま》四代漆《しっ》壺《こ》斎《さい》が黒漆塗を施す。本作が初代小林幸八(生年不詳―一九二〇)の作であることは、箱の蓋裏に小島四代漆壺斎が極めていることからわかる。小林幸八は、挽《ひき》物《もの》師《し》で、初代と二代ともに四代・五代漆壺斎および分家である小《こ》島《じま》仙《せん》三《ざぶ》郎《ろう》との合作を多く残している。初代小林幸八は、如泥の三つ組の木杯を見て発奮し、大いに技を磨いたと伝わる。

【箱書】
幸八作
黒塗補　出雲
漆壺斎 (「能充」黒文円印)

60　鉄《たが》刀《や》木《さん》鮟《あん》鱇《こう》茶《ちゃ》器《き》

小林幸八作
昭和時代（二〇世紀）
個人蔵

蓋《ふた》の中央に象《ぞう》牙《げ》を埋め込んだ鉄《たが》刀《や》木《さん》製《せい》の鮟《あん》鱇《こう》茶《ちゃ》器《き》。魚の鮟鱇のように口が広いことからその名がある。鮟鱇型の茶入は『古今名物類聚』の中興名物の唐物茶入の部に記録され、不《ふ》昧《まい》好みともされており、小《こ》島《じま》四代漆《しっ》壺《こ》斎《さい》制作の鮟鱇茶器も存在する。本作は、底裏に瓢《ひょう》箪《たん》形内に「幸」の印が彫られ、また、箱の底裏に「幸」の印があることから、小《こ》林《ばやし》幸《こう》八《はち》の制作であることを示す。

61　虫《むし》木《き》地《じ》蒔《まき》絵《え》棗《なつめ》

小林幸八作　蒔絵：小島仙三郎
昭和時代（二〇世紀）
島根県立美術館蔵

桑製の棗《なつめ》。塗りを施さず蒔《まき》絵《え》を行う「木《き》地《じ》蒔《まき》絵《え》」で螽《こお》斯《ろぎ》や蟋《きり》蟀《ぎりす》などの虫をあらわす。底裏に瓢《ひょう》箪《たん》内「幸」印の銘印をいれる。

〔参考文献〕
『松平不昧傳』松平家編集部　箒文社（一九一七年）
高村光雲『小林如泥傳』（一九二二年）
太田直行『如泥と権兵衛』報光社（一九五四年）
石川淳『諸国畸人傳』筑摩書房（一九五七年）
安井淳之助編『渫齋詩存』（一九三三年）
小泉和子編『和家具』別冊太陽、平凡社（二〇〇五年）
内田兼四郎『松江城　歴代藩主の菩提寺』（一九八〇年）
『島根の工芸』島根県立博物館（一九八七年）
和田嘉宥『松江藩御作事所と御大工に関する研究』（二〇〇一年）
『しながわの大名下屋敷―お殿さまの別邸生活を探る―』品川歴史館（二〇〇三年）
『名工如泥とその道統』出雲文化伝承館（二〇一四年）
『―美の遺産―　松平不昧　茶の湯と美術』松江歴史館（二〇一六年）
『神の宝の玉手箱』サントリー美術館（二〇一七年）
『出雲の木彫展　如泥、亀斎から嶺雲、明山　郷土の指物と木彫』出雲文化伝承館（二〇二〇年）

小林家勤功書（写）

如泥の家系及び職歴については、その子右助が認めた「小林家勤功書」の写し（桑原双蛙蔵）がある。便宜上誤写を補正し且つ平文に書下して左にその全文を掲げる。

小林家勤功書

元祖大工にて信州松本より小林安左ヱ門御供仕り罷越せし家筋に候処、私儀（初代）安永八年亥三月十六日棟梁より御大工並仰付られ、御給銀三百七拾五匁三人扶持下置かれ候

天明四辰十月大橋御懸直し御普請中、骨折り相勤め候旨に付御褒美として御目録下置かれ候

天明五巳七月二十七日御普代格御大工仰付けられ候、同年八月天神橋御懸直し御普請中、骨折り相勤め候旨に付御褒美として御目録下置かれ候

寛政二戌九月病死仕り候

安永八亥年より寛政二戌年まで相勤め申候

二代目　小林如泥

天明三卯七月奥御納戸御用、則ち立棧（建盞）天目御茶碗箱仰付けられ出来上納仕り候処、思召に叶わせられ候旨に付御称美なし下され候

同五巳十二月江戸勤番仰付られ来年春出立仕るべき旨仰渡され、翌午三月御国出立仕り同四月江戸表へ参着仕り候

天明六年十二月御好御用精出し相勤め候旨に付、御褒美として奥御納戸より金弐百疋下置かれ候

同七年未四月江戸表出立仕り同五月御国へ帰着仕り候

同八年申八月精出し相勤め候旨に付、御褒美として奥御納戸より金壱両下置かれ候

寛政弐戌二月江戸勤番仰付られ同三月御国出立仕り、同四月江戸表へ参着仕り候

同年三月御好御用精出し相勤め候旨に付、奥御納戸より金壱両下置かれ候

同年十一月親安左ヱ門跡式として、御給銀三百七十五匁三人扶持下置かれ、御大工並仰付られ候

同年十二月御好御用精出し相勤め候旨に付、御褒美として金壱両下置かれ候

同三亥十一月御好精出し相勤め候旨に付、御褒美として金壱両下置かれ候

寛政三亥十一月江戸表出立仕り、同十二月御国へ帰着仕り候

同年十二月御立山御茶屋狭間彫透し御好御用仰付られ、翌子十二月出来上納仕り候

同四年子六月ロクロ細工仰付られ相勤め申候

同年七月御好御揚弓御用仰付られ、出来上納仕り候

同年八月御好御用精出し相勤め候旨に付、御褒美として奥御納戸より銀弐枚下置かれ候

寛政四、九月御好御棚御用仰付られ、同八辰八月出来上納仕り候

同年十二月年々御好御用精出し相勤め候旨に付、御譜代格御大工仰付られ候

同五丑七月御好御棚御用精出し相勤め候に付、御褒美として銀壱枚下置かれ候

寛政五丑九月御発駕前、御煙草盆仰付られ、同年拾月出来上納仕り候

同年十月御好御手箪笥仰付られ、翌寅八月出来上納仕り候

同年同月江戸表立帰り仰付られ、同月御国出立仕り十二月江戸表へ参着仕り候

同年十一月三助様御好御用仰付られ、出来上納仕り候

寛政九巳二月剃髪仰付られ、御給米拾石三人扶持下置かれ、御細工人仰付られ奥納戸御好御用懸り仰付られ、如泥と改号仰付られ候

同年六月六毛様御好御煙草盆仰付られ出来上納仕り候、同七月御好御茶箱幷に御茶碗仰付られ出来上納仕り候

寛政十午七月十八日御目見格仰付られ、御国へ差返さるる旨仰渡され、同廿八日江戸表出立仕り、同八月十八日御国へ帰着仕り候

同年九月より江戸表にて仰付られ候桐厚板を以て、まげ御煙草盆に取懸り同年十月出来上納仕り候

同年十一月江戸表にて仰付られ候桐御袋棚に取懸り申候処、翌未七月江戸表より欅板長サ壱間、幅三尺厚壱寸板を以て花頭仰付られ、御好模様五七の桐御紋、影日向ニシテ浮彫透し仰付られ早速取懸り、寛政十二年申十月出来江戸表へ運送仕り候

同年十一月より下地仰付られ候桐御袋棚に取懸り、享和元酉八月出来上納仕り候

享和元酉六月御川下御船の内、御茶棚清水桐板を以て仰付られ出来上納仕り候

享和元酉六月御茶入箱三十、島桐を以て仰付られ出来上納仕り候。同七月御駕御茶棚島桐を以て仰付られ出来上納仕り候

同年九月大黒三体、厨子黒柿を以て数三ツ、内唐破風組物ニシテ仰付られ同十月出来上納仕り候、同月御好釣瓶御水指仰付られ出来上納仕り候

同年十一月若殿（月潭）様御好御箪笥仰付られ、早そく取懸り申し候

同年十二月奥御納戸より御褒美として銀五百匁下置かれ候

同二戌二月御在国中精出し相勤め候に付、奥御納戸より御褒美として銀壱枚下置かれ候

同年八月右御箪笥出来仕り江戸表運送上納仕り候処、思召に叶わせられし御意の趣、江戸表奥御納戸より申来り、同十一月御箪笥精出し相勤め候旨に付、奥御納戸より褒美として銀弐枚下置かれ候

享和二戌十二月御書院御欄間、野白杉板厚さ弐寸長さ壱間、板数九枚江戸表より御贈り下置かれ、御欄間模様地麻の葉透し、菊に薄を浮彫り下絵を以て仰付られ、早速麻の葉割合ひ模様取懸り相勤め申候

同三亥五月御居間にて御茶道具数々御直し、御好御用仰付られ早速取懸り追々上納仕り候

同年亥八月唐桑を以て御煙草盆仰付られ、翌年子二月出来上納仕り候

享和三亥十一月御香合三十、ロクロ細工仰付られ、同十二月出来上納仕り候

同年十二月御茶道具外箱弐ツ島桐を以て仰付られ、翌子二月出来上納仕り候

同年同月奥御納戸より御褒美として銀壱枚下置かれ候

文化二丑七月富士山浮彫の古引家損じ、繕ひ仰せ付られ出来上納仕り候。同年同月唐桑御煙草盆損じ繕ひ仰付られ、出来上納仕り候

文化二、九月廿六日奥御納戸より御褒美として銀壱枚下置かれ候

同三寅七月十八日右欄間出来、奥御納戸へ上納仕り候処御役人衆中御見分相済み、江戸表へ運送仕り候様右同日仰付られ、同月廿一日御国出立仕り同八月十三日江戸表へ参着仕り、同月十七日谷御茶屋にて殿様（月潭）御隠居様（不昧）御覧遊ばせられ、早速御欄間小路（障子?）縁仕組み仰付られ、同十八日より小路縁に取懸り申候

文化三寅九月朔日殿様御道中御駕籠御硯箱、唐桑を以て仰付られ早速取懸り申候処、大崎に於て御隠居様御居間御炉の上懸りへ、辻番一尺五寸四方焼桐ニシテ三方へ七宝影日向ニシテ急々出来候様仰付られ、早速取懸り同年九月晦日大崎へ上納仕り候処、御褒美として金弐百疋下置かれ候

同年十月朔日御欄間并に御硯箱とも取懸り、同月十八日御欄間御書院仕組み相済み、翌十九日より右硯箱に取懸り申し候

同年十二月二日御隠居様御殿大崎稲荷社の狐弐疋、杉赤身を以て白木玉眼入ニシテ、御国にて出来候様仰付られ御硯箱出来上納仕り候

文化三寅十二月十日殿様御好地桑を以て、唐桑まがひニシテ御水さし御棚壱組、是も御国にて出来候様仰付られ絵図面相認め申上候処、前四寸の戸弐枚そふくわん模様、浮彫透ニシテ出来候様仰付られ、則ち江戸表にて桑杢板買ひ調え御国へ運送仕り候、同十二月御書院御明り床の御欄間仰付られ、早そく絵図面に取懸り、模様麻の葉地ニシテ瓢箪ニ浮彫透し仰付られ候

文化三寅十二月十五日御褒美として金弐百疋下置かれ候

同年同月十七日御褒美として奥御納戸より金壱両下置かれ候

同年同月十八日大崎に於て御褒美として金弐百疋下置かれ候

同年同月廿一日江戸表出立仕り翌卯正月廿一日御国へ帰着仕り候

文化四卯三月江戸表にて仰付られし御欄間幷狐弐疋、御棚右三品一緒に取懸り引続き相勤め申候

同五辰二月廿一日右欄間出来上納仕り候処、奥御納戸御褒美として銀壱枚下置かれ候

同年同月廿四日江戸表御書院上の間の御欄間、高四尺三間の処弐枚ニシテ欅板を以て地麻の葉透し上面より右の板花籠牡丹両面浮彫透しニシテ、左の板花籠秋草両面浮彫透しニシテ仰付られ、早速絵図面相認め御伺申上候処、絵図の通り御議定に相成り、木品出来次第取懸り候様仰付られ候

文化五辰五月六日右の狐出来、御隠居様御納戸へ上納仕り候処御隠居様御立ち後、狐外入箱出来次第江戸表へ運送仕り候様仰付られ、早速出来江戸表へ運送仕り候処、御隠居様思召に叶わせられ御褒美として金弐百疋江戸表より御贈り下置かれ候旨、此表御納戸に於て之を仰渡され候

同年六月右御棚ニ取懸り相勤め申候

文化五辰九月右欄間木品石州大田村ニ有之候由ニ付、同月九日罷越し翌十日見分仕り候処、宜敷き欅板数六枚買ひ調へ御作事所まで運送仕り、早速請取り御欄間ニ取懸り昼夜相勤め申候

同年拾二月精出し相勤め候旨ニ付格式御徒並仰付られ候

文化六巳九月十七日若し出火の節除場として、私持来りの屋敷後ろ地続き幅四間弐尺、入り湖端水際まで生涯拝借地仰付られ候

同七年二月五日利休形御茶箱けんどん蓋ニシテ、野白杉柾目を以て三ケ月入木ニシテ、左右雪輪違い仰付られ小形を以て御伺申上候処、小形の通り清水棚（寺?）桐板を以て急々出来候様仰付られ早速取懸り同廿五日出来上納仕り候

同年二月十五日紫檀を以て御棚戸弐枚仰付られ、寸法高さ六寸横四寸ニシテ壱枚ハ中に達磨、壱枚ハ風車両様とも浮彫仰付られ候

同年同月廿六日奥御納戸より御褒美として金弐百疋下置かれ候

同年三月より御欄間に取懸り昼夜相勤め申候

文化七年七月廿一日御隠居様机先年仰付られ出来上納仕り候、是まで御用ひ遊ばされ候ところ此度御机四方きちょうめんの内、四方足とも三歩四方の七宝浮彫り仰付られ、且又取懸り相勤め申候

同八月未正月右御机御隠居様より此表御納戸まで御急手の趣仰付られ、則ち取懸り同年三月十六日出来仕り此表御納戸へ上納仕り候処、思召に叶わせられ御褒美として銀五百枚下置かれ候

同年二月廿四日先年仰付られ候御欄間御覧遊ばさるべく仰渡らせられ候に付、未だ半出来ニ御座候へども奥御納戸へ差出候処、思召に叶わせられ殊の外御称美遊ばせられし旨ニ候、猶又早速取懸り相勤め申候

文化九申二月廿五日精出し相勤め候旨ニ付、御褒美として金弐百疋下置かれ候

同十酉三月廿九日右欄間出来上納仕り候処、御欄間差添え江戸表へ立帰り罷越すべき旨仰付られ、同四月五日御国出立、同月廿二日江戸表へ参着仕り早速御欄間御書院へ仕組み上納仕り候

文化十酉五月廿四日江戸表出立仕り同六月十八日御国へ帰着仕り候

同年十月廿七日病死仕り候

天明の卯年より文化十酉年までの三十一年の内、七年親懸りにて相勤め申し候

（太田直行『如泥と権兵衛』（報光社、一九五四年）二一八頁より引用）傍線は編集者追記。

如泥の最初期紹介文

（二）木工　六諸工藝『松平不昧傳』
二〇一―二二四頁より転載

公の時、木工の名手輩出せる中に、小林如泥の如きは、實に代表的の名工とす。抑も公は茶道を嗜みしを以て、茶入箱・茶棚類の美術品より、茶室其の他建築の上に數奇を凝らしたれば、其の嗜好に應ずべき製作品は尋常一般の工人の敢て企て及ぶべき處にあらず、如泥は一大工の家に生れ、父の後を襲うて藩に仕へしが、性來手工に巧みなる上に、負け惜みの強き人物にて、苟も公の命ぜられし者は、飽までも之を完成せずんば已まざるの慨あり。されば彼が美術的彫刻を以て遂に名を成せるも宜なりと謂ふべし。彼の經歷の一班を敍すれば、亦公の美術的趣味と思考との如何なるものなりしかを併せ知るを得ん。

如泥、本名は安左衛門、寶暦三年を以て松江白潟大工町に生る。元祖は大工にて藩祖高眞院に從ひ、信州松本より來れり。父安左衛門は、安永八年より寛政二年まで給銀三百七十五匁、三人扶持にて、公に仕へたり。如泥、性酒を嗜む、嘗て公に從つて他出せしとき、泥醉して士人に衝突し、將に斬捨に處せられんとせしが、公爲に救解して曰く、彼泥土の如きもの、請ふこれを許せと、幸にして免る。因て如泥の名を賜ふといふ。天明三年七月、奥納戸用則ち建盞天目茶碗箱を造りて賞を受け、同五年十二月、江戸勸番を命ぜられ、同六年十二月出精の廉（カド）を以て奥納戸より金二百疋を受く。天明八年八月、寛政二年三月の二度に、又金壹兩を賜ふ。同年十一月、親安左衛門の跡を襲ひ、給銀三百七十五匁、三人扶持を給せらる。同年十二月、及翌年十一月兩度に、又出精を賞せられて金壹兩を賜ふ。寛政三年、江戸に上り、歸國後、茶屋狹間透彫、翌年轆轤細工及楊弓製作に從事し、翌五年には公用の棚、煙草盆、手箪笥を納む。寛政九年剃髮を許され、給米十石三人扶持を賜ひ、如泥と改號す。翌年江戸にて桐厚板を以て、煙草盆及桐袋棚を造る。翌十一年、欅板を以て公の好模樣五七の桐紋、影日向にして、浮彫透を命ぜられ、寛政十二年十月完成して、江戸に送る。享和元年には、公用の茶棚、茶入箱、駕籠用茶棚、大黑像三體、釣瓶水指等を造る。翌年十二月、書院欄間用白杉板、江戸より來る。模樣地麻の葉透、菊に薄の浮彫下繪を命ぜらる。又唐桑の煙草盆を納む。文化三年七月十八日、欄間完成したりしかば之を携へて東上し、公の閲覽を經て、直に欄間に仕組む。又大崎稲荷社の狐二匹、杉赤身を以て之を造り、白木入眼の者、及書院明り床の上の欄間、模樣麻の葉地にして、瓢箪に浮彫透の者を國許にて造るべきの命を受く。文化五年二月二十一日、右欄間完成して之を納む。之と同時に、又欅板を以て地麻の葉透、上面より右の板、花籠、牡丹、兩面浮彫透にして、左の板、花籠、秋草、兩面浮彫透の者を造るべきを命ぜらる。文化五年五月六日、狐出來、上納せしが、頗る公の意に適ひ、賞金二百疋を賜ふ。文化七年二月、利休形茶箱、けんどん蓋にして、野白杉柾を以て、弦月入木にして、左右輪違を造るを命ぜられ、直に製作して之を納む。又紫檀の棚一枚には、達磨、一枚には風車、兩樣共浮彫を造る。文化七年公の机に七寳の浮彫を施す。文化十年四月、欄間を携へて東上し、書院に仕込む。五月二十四日、江戸を發し、六月十八日國に歸り、同年十月二十七日を以て、病歿す。年六十一、蓮眞院如泥日歡霊といふ。墓は松江市寺町常教寺に在り。大正元年十一月二十四日、松江にて彼が爲に、一百年忌を營み、一代の遺作を陳列し、又常教寺前に、加賀浦産の瓢箪形自然石を建て、之を表彰す。東京美術學校々長正木直彦氏之に題して『如泥之蹟百年忌建之』の九字を刻す。子右助、後を襲ひ、如泥の殘せる細工物及繪圖面等を納戸に獻ず。又文化十三年には、唐船番、旗揃、兵糧方仰付られしが、後文政二年仕を致さしめ、嘉永三年給米七石、二人扶持にて、再び召抱へらる。孫清八、後を襲ひ、曾孫小林一雄現存す。

如泥常に工に就くや、決して人の見るを許さず、其の成るを待つて之が製作に使用せし諸道具を破棄せりと云ふ。故に門人と稱すべき者なし、唯之が批評を需めしに過ぎず。されば彼に親炙せし者と雖も、その妙技を傳習することを得ざりき、然れども、強ひて彼が工作の系統を示せば、大工町の安達小治郎は、如泥の直系にして、それより和田見町の福島彌藏に傳へ、更に横濱町の荒川重之輔（龜齋）に及べるなり。別に大原郡東谷の人梶谷東谷といふもの、一刀彫を如泥に學び、彼が舊師意宇郡大森の祠官宍道石見に傳ふ、石見亦之をその子幸男に傳ふ。幸男好んで一刀彫大黑尊像を刻む、これを「大圓庵御好み一刀彫」と稱す。

如泥の最も得意とせるは、麻の葉の彫刻にして、これには陰彫《カゲボリ》と陽彫《ヒナタボリ》とあり。前者は葉莖のみを彫り、後者は葉脈のみ殘して、他の場所を彫るなり。如泥は最も陰彫に長じ、表裏の別なきが如くにす。且つ蠹蝕を防ぐ爲めに、彫目全體に燒鏝を加ふ。機械鋸ある今日に於ては、此事固より容易なれども、舊時の鋸及鑿を以てして、彼の如く精巧なる彫刻を施せるは、驚くべき絶技といはざるべからず。彼に關して趣味ある逸話、甚だ少からず左に其の二三を揚げん。

如泥は常に貧に甘じ、技術に對しては、滿腔の熱誠を籠め、暇あれば酒を嗜むのみ、盆節季の拂には叺（カマス）の中に錢を容れ置き、債主をして任意に取去らしむ。後れて來る者には、來年來るべしと告ぐ。世にこれを傳へて如泥拂といふ。或時酒を買ふべき錢なかりければ、小龜の彫刻物を酒屋に持ち行かしめて、酒代に換へしが、度重なるにつれて、酒商之を拒みしかば、彼は曰く我が彫刻は拙劣なるものにあらず、酒を與へざれば龜を返せ、これを疑はゞ我が龜を大盥に放ち見よ、水中に於て游泳自在ならんと。果して其言の如し。酒商依て人に語りしに、爭うてその龜を求むる者多く、酒代以上の利潤を得たりといふ。又家に妙齢の女あり、簪なきを嘆ぜしかば、竹にて之を作りて與へたり。女、意甚だ平かならざりしが、人之を賞美して、銀簪に代へたりとぞ。

或時諸大名登城の際、溜りの間に於て、各侯、國自慢の話をなせることありき秋田侯は曰く、我藩には蕗の大なるものありて、降雨の時は、之を傘として、四五人その下に匿るべしと。薩州侯は曰く、我藩には竹の大なるものあり、之を筒切にして風呂桶となすべしと。不昧乃ち曰く、我藩には名工如泥あり、いかなる細工をも敢て辭せずと。薩州侯乃ち問うて曰く、然らば其名工、此の瓢簞の中に紙を貼ることを得べきかと。負けぬ氣の不昧は言下に其能くなすべきを應へたり、因て薩州侯より瓢を受取りて持ち歸り、直に如泥を召して此事を告げしに、如泥は、命を拜して速に歸國し、野白の紙漉場に持ち行き、同形の瓢を數多集めて、その中に紙の種汁を注ぎ、能く打振りて之を乾かし、首尾よく紙を貼ることを得たれば、一日之を携へて公に呈せり。公稍之を疑ふ、如泥卽ち瓢を破りて内部を示せば、公はその妙技には感服しつゝも、他人の愛玩器を打破るとは、申譯なき事なりと叱責せしかば、如泥はいやとよ、そは實驗用に作りたるものにて、薩州侯より預れる品はこゝに候とて、懐中より出して還したりといふ。

公が玉造に入湯せる折、鼠の彫刻物を獻ずる者あり、其の作頗る巧妙なり。公、如泥を召して曰く、汝も亦これを作る手腕ありやと、如泥直に之を彫りて公に獻ず、その巧妙なる、殆ど前者と優劣を判ずべからず、乃ち猫を捕へ來りて、之を判ぜしめんことを請ふ。猫入り來るや、速に如泥作の者を喰へ去れり。蓋し鰹節を以て彫みたるなりとぞ。或は云ふ此の事玉造にあらず、江戸藩邸に於ける時の事なりと。されど彼はもと寫生的彫刻に長せず、彼の得意とする所は、實に指物的、幾何學的、建築的彫刻にあり。故に此命あるや、彼敢て頓智を以て、猫の判定を請へるならん。若し果して此事ありしとせば瓢簞紙貼りの一事と同じく、彼の頓智的苦作のみ。

幕府作事の時、各藩選拔の大工相集りて、其技の巧拙を角することありき。隅々十四間の長椽板を截るに當り。いづれの大工も躊躇せしが、如泥此の命を受け、十四間の長椽を截るに一度も腰をのすことなく、截りおほせたり。蓋し一たび腰を伸ばす時は、手に狂ひを生ずるを以てなり。これより雲州の大工如泥の名全國に知らる。彼亦一尺角の樫を鋸るに當り、常に一たびも手を息めず、一氣呵成に截りおとせりといへば、その事に當るや、必ず渾身の精力を集中したるを知るべし。

公、嘗て如泥に命じ、槇（或はいふ桑）の木の皮ある者を以て、弓形の窓を作らしむ。如泥苦心三年、その間何人も其の工場に入らしめず。乃ち安部槇の皮を剥ぎ取り、三年の間に、越之を藤の大木に附着せしめ、眞物に酷似する樣作りあげたりとぞ。

公の致仕後、書院欄間に、麻の葉の透彫を命ぜられ、之を欄間に仕組み、我ながら其作の精巧なるに感じ、公の許を得るまもなく、同僚の者を率ゐ來りて之を誇示せしを以て、公の不興を買へり。性來短慮一徹の如泥なれば、斧を以て直にその欄間を打壊し、因て一時公より出仕を停められたりといふ。この逸話、彼が勤功書に對照するに、信ずべからずものゝ如し。恐らくは如泥の子の事を誤り傳へたるものならん。

如泥嘗て公の命により、三組の木盃を作る。彼夙に轆轤細工に長じたれば、乃ち櫻木を以て之を造りしに、一見唯だ一箇の木杯の如し。公怪んで之を詰りしに、彼乃ち公の面前に於て、之を分ちて三組の木杯となす。滿座皆其技巧に感動せりといふ。而もこの木杯、眞圓形にあらず、聊か歪あり、到底轆轤を以て作り得べきにあらず、更に彼が苦心の作たるを驚嘆せしめたり。

如泥常に自ら酒舗に至りて酒を購ふ時、四枚の杉板を懐にす。その一枚を抽けば直に一升桝となり、更に酒滴の漏洩することなかりき。又或時、士人の爲に刀掛を造りしが、全體何處となく搖ぎて締りなければ、士人の意に滿たざりしかど、刀を掛くれば、直に其重みに因りて堅く締りたり。一日或人、螺旋狀の木を持ち至りてその中に孔を貫通すべきを乞ふ。彼乃ち熊蟻の強壯なるを捕へ、之に絲を附け、木の他端に砂糖を塗り、熊蟻のその甘味を慕ひて、木の一端より他端に向ひて、木髓を嚙みつゝ行くに隨ひて、事もなく螺旋狀の木に孔を穿つを得たりとぞ。此の如き、彼に關する名人談甚だ多けれど、其間後人の假作もあるべければ、信僞は固より保すべからず。

公嘗て如泥に、汝が望何なりと叶ひ得させんと曰ふに、彼は、我家より直に杵築を見るを得べきを請ふ。これ固より不可能の事なれど、せめては、座敷より宍道湖を一眸の中に収めしめんとて、近隣の家を取拂ひて小路を作らしむ、之を小林小路といふ、今訛りて麹屋小路といふ。之が爲め、水際に石臼の如きものを數多く竝べ、湖水の侵入を防げり。之を「まのうち」といふ、今なお其名殘れりとぞ。又如泥灘といふは、その昔松江の富豪岡崎氏の所有地、宍道湖に臨みて、空地の存せるに、貧民如泥に請ひて、こゝに畑を作る。蓋し如泥の畑は免租となるを以てなり。岡崎氏其告げずして他人の所有地を使用するの不法を咎むれば、彼は曰く、貧民は憐むべきもの、畑作も長くはあるまじ、寛恕せられよと。岡崎氏亦之を諒とし、遂に之を默許せりといふ。以て彼が仁俠の一端を知るべし。

如泥作として今世に傳ふる物は、東京帝室博物館所藏の覆輪浮上陰陽麻葉透袖垣。松江城内稲荷社の杉の赤身、木目利用の狐（大崎園内の稲荷社にありしものと同じと云ふ）東京、芝、紅葉館内、明り床の彫刻（もと大崎の御茶屋にありしもの）松江、白潟大工町歳德神の宮（或時此宮を組直す事ありしに、數多の木材殘りて、如何にしても舊の如く組立られざりきといふ）同じ宮の中に在る大根の彫物。舊御殿二の丸の物見櫓（如泥意匠）松江天神社境内の辯天祠。同、春日神社の隨身門。同、米子町の自性院の門。八束郡川津村推惠神社の龍の彫物。松江和田見町の賣布神社、幣殿脇の雲龍の彫物。東京安井泉氏藏の寄木硯箱。松江、三成三郎兵衛氏の二階欄間（今存せず）同、佐藤喜八郎氏の茶室（用材悉く節あるものを巧みに利用せり）同、鹽津新次氏藏の唐桑の机及炬燵櫓（桐製、圓形、三脚、蓋板凸狀十三箇の小穴を設く）松江、奈倉軍太郎氏藏の釘無し机（横三尺五寸、中央に一ケ抽匣あり、裏面の仕組に由て開閉すべし、其左右は引戸を用ふ）及竹の硯箱（銘「ちとせ」は公の筆、地如泥作、塗は漆壺齋）同、倉崎金之助氏藏の刀掛（上部松皮菱模樣、腰模樣、柳に牧童の絲透）同、長田惣太郎氏藏の重箱（二重周圍の透彫は波に兎、桐、牡丹、鷺、河骨、底の中央は外方に向て稍凸出す、裏蓋に天明二如泥作の銘あり）同、中島得四郎氏藏の七福神（各身長凡二分位精巧なるもの）同、岩城信助氏藏の大黑天。同、清原正郡氏藏の木製曲尺（如泥使用）。同、福山金逸氏藏の糸巻（内に押匣針入あり）同、織原萬次郎氏藏の煙草盆（手提、桐製、圓形瓢の透あり）同、佐藤喜八郎氏藏の煙草盆（手提、桑製、銀糸止、持手は鋲止、上部圓形、下部四角形）川津村、有澤昇氏藏の煙草盆（手提、澤栗製、透模樣長方形）簸川郡、江角柳四郎氏藏の箱火鉢。松江、清原宗太郎氏藏の煙草盆（桐陰陽透模樣）安來、並河理二郎氏藏の菓子器（釣鋲止、角形、脚付）松江、大谷忠次郎氏藏の桐板透彫（覆輪浮上陰陽七實透）同、藤井善太郎氏藏の薄板透彫二枚（一は老松、一は富士の絲透）同、山本信太郎氏藏の煙草盆一對（手提、欅製、長方形の春慶塗、釣は桑製、一は中央を結び止め鋲なし、一は拈り止め、鋲を用ふ）同、白石伊藏氏藏の硯箱（被蓋、蓋板に重ねて龍虎を彫る）同、井上重次郎氏藏の疊枕（木地澤栗）同、原文平氏藏の疊枕（疊みて板狀をなす）八束郡、大庭、三島與三右衛門氏藏の刀掛。松江、古津元市氏藏の香箱及香盆。八束郡、伊野、佐藤源次郎氏藏の煙草盆。同、津田、永井洌氏の白木野点箱。松江、長田惣太郎氏藏の香合（直徑一寸二分、唐桑製、表金蒔繪胡蝶、裏に夢の字を表す）同、小村喜代之助氏藏の公の好一重切、竹の花入（傳如泥作）等とす。

其他出雲大社拜殿の雲龍の彫刻も、如泥作にて、頗る巧妙なれば、彫龍生動し、拜殿動搖するに因り、斧鉞を以て之を割りたりといひ傳ふれども、確實ならず。又松江天神境内辯天祠の扉も、彼が作なりといひ傳ふれど、高村光雲氏の鑑定には、否らずといふ、又月照寺に在る、公の廟門の、双龍珠を爭ふ姿、葡萄の透彫も、彼が作なりといへど、彼は公に先ちて死したれば、時代相合はず。かくの如く如泥作と稱するもの甚だ多しと雖も、未だ悉く信ずべからず。なほ弘法の筆、甚五郎の作の類なるべし。

如泥はその名の如く、酒を嗜みしと雖も、彼の遺作を見るに、到底醉餘の業に成るべき者にあらず。浮上陰陽透彫の精緻巧妙なるはいふに及ばず、かの炬燵櫓の桐を丸く曲ぐる如く、或は唐桑三分板を香合に曲ぐる如く、或は一分板の箱に五寸釘を打込みて、木理の裂けずして膨らみたるが如く、或は竹の花入を荒鋸にて挽き、竹の皮にひゞの入らざる如く、僅かの作にも、微細なる技巧を施すあたり、到底後人の模擬し難きものあり。彼が一意專心工夫を凝らすに當りてや、悶々の情誠に堪へ難き者あり。乃ち酒に由りて暫く心機を一轉し、天來の意匠一たび腦理にひらめくや、彼は杯を擲ちて直に工作に從事せしならん。世人彼が酒を嗜むの癖を知りて、其の隱れたる苦心焦慮のいかに多大なりしかを閑却するは、惜むべしと。嗚呼英雄にあらざれば英雄を知らず、工人にあらざれば工人の志を知り難し。尚は安井泉氏藏の寄木硯箱を見れば、如泥が江戸を往返する際、箱根邊の寄木細工に心を留めしを思ふべし。而も彼地の作以上に、自家の創意を加へたり。凡そ彼は到る處、見るもの聞くもの、すべて作品の資料となせるなり。實に彼は製作の前に自我を沒却して、一生を工藝三昧に暮らし、精作あり、奇作あり、苦作あり、後人をして讃嘆措かざらしむるものある、豊偶然ならんや。

出品目録

No.	作品名	作者名	員数	寸法(cm)	年代	所蔵者
第1章　その技、神の如し						
1	袖障子	小林如泥	一基	幅56.1×奥行2.0×高150.0	江戸時代・18－19世紀	東京国立博物館
2	江戸大崎茶室詳細図		一幅	縦14.0×長さ780.5	明治時代・19世紀	松江歴史館
3	大崎御邸中大概並同御亭十図		一冊	縦25.7×横18.2	安政5年(1858)写	島根県立美術館
4	小林家勤功録(小林如泥と其一家)		一冊		現代・20世紀ごろ	島根県立図書館
5	御作事所御役人帳		一冊	縦26.5×横18.5	寛永15年(1638)－享和2年(1802)	個人(松江歴史館寄託)
6	神狐(原型)	小林如泥	一基	幅13.8×高53.0	江戸時代・18－19世紀	城山稲荷神社
7	雲州侯大崎別業真景図巻	伝　谷文晁	一巻	縦39.4×長さ872.0	江戸時代・18－19世紀	松江歴史館
8	茶箱	小林如泥	一点	幅12.1×奥行12.1×高14.3	江戸時代・18－19世紀	東京国立博物館
9	桑源氏香透刀掛	小林如泥	一基	幅43.0×奥行20.0×高26.0	江戸時代・18－19世紀	個人
10	桑十牛図透刀掛	小林如泥	一基	幅46.5×奥行21.0×高29.0	文化2年(1805)	個人
11	桑十牛図透刀掛	小林如泥	一基	幅35.0×奥行17.6×高27.1	江戸時代・18－19世紀	島根県立古代出雲歴史博物館
12	欅桑富士見西行図透刀掛	小林如泥	一基	横35.0×高26.4	江戸時代・18－19世紀	松江歴史館
13	木画蒔絵菊花文透冠棚	伝 小林如泥	一基	幅63.8×奥行35.0×高45.0	江戸時代・18－19世紀	サントリー美術館
14	竹一重切花入	松平不昧・小林如泥	一口	底径17.4×高21.8	江戸時代・18－19世紀	島根県立美術館
15	桐瓢箪透袋棚	小林如泥	一基	幅80.0×奥行38.0×高61.0	江戸時代・18－19世紀	島根県立美術館
16	葵紋透煙草盆	小林如泥	一基	縦18.0×横33.0×高15.0	江戸時代・18－19世紀	島根県立美術館
17	桑瓢箪透煙草盆	小林如泥	一基	幅20.3×奥行20.3×高25.0	江戸時代・18－19世紀	個人
18	桑桐瓢箪透手付煙草盆	小林如泥	一基	縦20×横20×高25	江戸時代・18－19世紀	個人
19	焼桐曲瓢箪透桑手付煙草盆	小林如泥	一基	径22.6×高23.4	江戸時代・18－19世紀	絲原記念館
20	桑四方手付煙草盆	小林如泥	一基	縦19.6×横26.9×高28.6	江戸時代・18－19世紀	絲原記念館
21	桐橘透煙草盆	小林如泥	一基	縦19.5×横19.5×8.5	江戸時代・18－19世紀	松江歴史館
22	桑梅花透手付煙草盆	小林如泥	一基	縦20.2×横23.0×高25.0	江戸時代・18－19世紀	個人
23	桑吹貫金唐皮手付煙草盆	小林如泥	一基	縦23.0×横×高23.0	江戸時代・18－19世紀	個人
24	桑曲手あぶり	伝 小林如泥	一点	径20.0×高18.0	江戸時代・18－19世紀	島根県立美術館
25	古今松香合	小林如泥	一合	縦6.7×横5.7×高2.5	江戸時代・18－19世紀	個人
26	香合・香盆	小林如泥	一合・ 一枚	香合:縦3.5×横6.5×高2.0 盆:縦16.5×横16.5×高1.5	江戸時代・18－19世紀	松江歴史館
27	竹簪	小林如泥	二本	(鈴付き)長18.9、(六角形)長18.6	江戸時代・18－19世紀	個人
28	紫檀牡丹彫櫛・笄	小林如泥	二本	櫛:11.8×3.7 笄:長23.1×幅1.2	江戸時代・18－19世紀	個人
29	蕪大根図額	伝 小林如泥	一点	縦65.0×横95.5×厚4.0	江戸時代・18－19世紀	灘町町内会
30	灘町親交会記録	灘町親交會會長内藤太一郎	一冊	縦20.0×横27.0×厚3.0	昭和23年(1948)	灘町町内会
31	板額　御銘　たまみず・やまかつら	小林如泥	一面	縦72.5×横46.5	江戸時代・18－19世紀	彩雲堂
32	桐炬燵櫓	小林如泥	一基	径50.5×高38.5	江戸時代・18－19世紀	個人
33	桑折畳文机	小林如泥	一基	幅94.0×奥行37.0×高27.0	江戸時代・18－19世紀	個人
34	折畳梯子	小林如泥	一基	最長358.0	江戸時代・18－19世紀	長満寺
35	麻葉図透額	小林如泥	一面	縦87.6×横15.2×厚14.5	江戸時代・18－19世紀	城山稲荷神社
第2章　如泥の痕跡						
P-1	常教寺		パネル		江戸時代・18－19世紀	所在地:寺町(島根県松江市)
P-2	灘町歳徳宮	小林如泥	パネル		江戸時代・18－19世紀	所在地:灘町(島根県松江市)
P-3	厳島神社	小林如泥	パネル		江戸時代・18－19世紀	所在地:白潟天満宮(島根県松江市)
P-4	大圓庵廟門	小林如泥	パネル		江戸時代・18－19世紀	所在地:月照寺(島根県松江市)
P-5	床脇の違い棚	小林如泥	パネル		江戸時代・18－19世紀	所在地:華蔵寺(島根県松江市)
P-6	随神門	小林如泥	パネル		江戸時代・18－19世紀	所在地:田原神社(島根県松江市)
P-7	龍の彫刻(幣殿内頭上)	小林如泥	パネル		江戸時代・18－19世紀	所在地:賣布神社(島根県松江市)
P-8	如泥石	小林如泥	パネル		江戸時代・18－19世紀	所在地:袖師町(島根県松江市)
36	小林如泥傳	高村光雲	一冊			島根県立図書館
37	不昧公と如泥遺作展目録	島根県立松江図書館	一冊			島根県立図書館
38	諸国畸人傳	石川淳	一冊			松江歴史館
39	小林家勤功書(写)		一冊			島根県立図書館
40	如泥と権兵衛	太田直行	一冊		1954年	島根県立図書館
第3章　如泥の意思を継ぐ人々たち						
41	麻葉透花籠牡丹浮彫書院欄間 麻葉透菊水仙浮彫書院欄間	梶谷東谷軒(？－1853)	二基	縦54.0×横182.0×厚15.0	江戸時代・19世紀	八雲本陣記念財団
42	桑瓢箪麻葉透刀掛	梶谷東谷軒	一基	幅54.4×奥行23.1×高35.1	江戸時代・19世紀	絲原記念館
43	松平直政初陣銅像	青山泰石(1864-1933)	一躯	高174.0 土台:幅112.0×奥行73.0 上部分:幅103.0×奥行47	大正時代・20世紀	松江歴史館
44	天平式軸盆	青山泰石	一枚	縦35.6×横11.8×高2.0	大正時代・20世紀	島根県立美術館
45	桑七宝瓢箪透舟底手付煙草盆	佐々木呑慶(幕末明治期)	一基	幅27.7×奥行18.8×高27.2	明治時代・20世紀	絲原記念館
46	鷹像	荒川亀斎(1827-1905)	一躯	幅13.0×奥行14.5×高33.0	明治時代・20世紀	個人
47	蝦蟇像	荒川亀斎	一躯	奥行19.1×幅25.8×高11.1	明治時代・20世紀	個人
48	静御前像	荒川二代亀斎(莱山)(1863-1917)	一躯	幅19.7×高42.8	明治時代・20世紀	個人(松江歴史館寄託)
49	双鶴図額	荒川二代亀斎(莱山)	一面	縦132.5×横72.2	明治時代・20世紀	松江歴史館
50	於多福像	荒川三代友山(1892－1949)	一躯	奥行8.3×幅5.7×高16.6	明治時代・20世紀	個人
51	寿老人像	荒川四代亀堂(1910－1977)	一躯	奥行6.9×幅9.2×高26.3	明治時代・20世紀	個人
52	神代杉文台・硯箱	堀越嘉太郎(如應)(1860-1924)	一基 一箱	文台:幅58.4×奥行34.4×高11.5 硯箱:幅20.0×奥行22.6×高3.7	明治時代・20世紀	個人
53	五三桐透象嵌付書院欄間	堀越如應	一枚	縦38.1×横169.8	明治時代・20世紀	松江歴史館
54	桐瓢箪透風炉先屏風	堀越如應	一隻	横45.0×高36.0	明治時代・20世紀	松江歴史館
55	桐七宝瓢箪透手付煙草盆	堀越如應	一基	幅25.0×奥行18.0×高22.5	明治時代・20世紀	八雲本陣記念財団
56	縞桐花菱瓢箪透 舟底手付煙草盆	堀越清峰(1888-1952)	一基	幅21.8×奥行18.6×高25.5	明治時代・20世紀	松江歴史館
57	桑曲手付煙草盆	谷幽斎(1875－1964)	一基	径20.5×高21.8	明治時代・20世紀	松江歴史館
58	桑平棗	染地如錦(1885－1948)	一合	径8.0×高5.1	明治時代・20世紀	個人
59	松竹梅中次	小林幸八(？－1920)、小島四代漆壺斎	一合	径7.0×高8.1	明治時代・20世紀	個人
60	鉄刀木鮟鱇茶器	小林幸八	一合	幅8.2×高7.3	明治時代・20世紀	個人
61	虫木地蒔絵棗	小林幸八 蒔絵　小島仙三郎	一合	径7.0×高7.5	明治時代・20世紀	島根県立美術館

No.	Name of Works	Artist	Period	Owner
Part 2 Traces of Jyodei Jyodei's repertoire was not only limited to handicrafts , but he also dabbled in buildings. What is said to be his work is often seen as meticulous designs engraved into these buildings. Traces of Jyodei's wide variety of works still remain throughout Matsue, and as a result he is recognized as a skilled artisan of Matsue well worthy of praise.				
P-1	Jokyo-ji Temple			Location: Tera-machi
P-2	Palce of Goddes of directions	Kobayashi Jyodei		Location: Nada-machi
P-3	Itsukushima-jinjya Shrine	Kobayashi Jyodei		Location: Shirakata Tenmangu Shrine
P-4	Gate to the Graves of Daienan (Matsudaira Fumai)	Kobayashi Jyodei		Location: Gessho-ji Temple
P-5	Kezou-ji Temple	Kobayashi Jyodei		Location: Kezo-ji Temple
P-6	Tahara-jinjya Shrine	Kobayashi Jyodei		Location: Tahara-jinja Shrine
P-7	Mefu-jinjya Shrine	Kobayashi Jyodei		Location: at Mefu jinja shrine
P-8	Jyodei-stone	Kobayashi Jyodei		Location: shore of Lake Shinji
36	The life of Kobayashi Jyodei	Takamura Koun		Shimane Prefectural Library
37	List of posthumous works of Lord Fumai and Jyodei			Shimane Prefectural Library
38	Shokoku Kijin Den (Account of Peculiar People from Various Countries)	Ishikawa Jun		Matsue History Museum
39	Achivement list of the Kobayashi Family			Shimane Prefectural Library
40	Jyodei and Gonbei	Ota Naoyuki	1954	Shimane Prefectural Library
Part 3 Craftsmen who carried on the will of Jyode Although it is said Jyodei did not have any formal apprentices, there were many craftsmen who were influenced by Jyodei and his works. Arakawa Kisai (a sculptor), Kajitani Tokokuken, Horikoshi Jyoou, Horikoshi Seihou(cabinetmakers) were particularly influenced by Jyodei. These craftsman all produced works of high caliber and thus are very important figures in Matsue's own culture of woodworking.				
41	(1) Transom with embossed, carved design of peoney and a flower basket (2) Transom with embossed, carved design of chrysanthemum and narcissus"	Kajitani Tokokuken (? –1853)	Edo period, 19th century	Yakumo Honjin Residence Memorial Foudation
42	Sword rack with open work design of a gourd and a hemp leaf	Kajitani Tokokuken	Edo period, 19th century	Itohara Memorial Museum
43	Bronze Statue of Matsudaira Naomasa from his first battle	Aoyama Taiseki (1864-1933)	Taisho period, 20th century	Matsue History Museum
44	A tray for scrolls	Aoyama Taiseki	Meiji period, 19th century	Shimane Art Museum
45	Smoking tray with handle and open work design of crests and a gourd	Sasaki Donkei (Late Edo period)	Late Edo period, 19th century	Itohara Memorial Museum
46	Statue of a hawk	Arakawa Kisai	Meiji period, 19th century	Private collection
47	Statue of a toad	Arakawa Kisai (1827-1905)	Meiji period, 19th century	Private collection
48	Statue of a dancer	Arakawa Kisai 2nd Gen. (Raizan) (1863-1917)	Meiji period, 19th century	Private collection
49	A framed picture of two cranes	Arakawa Kisai 2nd Gen.	Meiji period, 19th century	Matsue History Museum
50	Statue of a Otafuku (moon-faced woman)	Arakawa Yuzan (1892 – 1949)	Showa period, 20th century	Private collection
51	Statue of a god of longevity	Arakawa Kido (1910 – 1977)	Showa period, 20th century	Private collection
52	Inkstone case and writing desk	Horikoshi Jyoou (1860-1924)	Meiji period,19th century	Private collection
53	Transom open work design of paulownia	Horikoshi Jyoou	Meiji period, 19th century	Matsue History Museum
54	Folding screen	Horikoshi Jyoou	Meiji period, 19th century	Matsue History Museum
55	Smoking tray with handle and a open work design of a gourd and crests	Horikoshi Jyoou	Meiji period, 19th century	Yakumo Honjin Residence Memorial Foudation
56	Smoking tray with handle and a open work design of a gourd and crests	Horikoshi Seihou (1888-1952)	Showa period, 20th century	Matsue History Museum
57	Smoking tray with handle	Tani Yusai(1875 – 1964)	Showa period, 20th century	Matsue History Museum
58	Tea container	Someji Jyokin (1885 – 1948)	Showa period, 20th century	Private collection
59	Tea container made of pine, bamboo and chinese plum	Kobayashi Kohachi (? –1920)、Kojima 4th Shikkosai	Showa period, 20th century	Private collection
60	Wide-mounted tea container (anko)	Kobayashi Kohachi	Showa period, 20th century	Private collection
61	Tea container with a design of autum insects	Kobayashi Kohachi Makie: Kojima Senzaburou	Showa period, 20th century	Shimane Art Museum

List of Works

No.	Name of Works	Artist	Period	Owner
Part 1 Kobayashi Jyodei - Godlike Technique KOBAYASHI Jyodei (1753-1813) was a master cabinetmaker who served the lord of the Matsue Domain. Jyodei was a skillful craftsman known for his excellent fretwork and elite handling of wooden material. He designed sword racks, smoking trays, cabinets and other furniture by order of his Lord.One can appreciate Jyodei's technique and his elevated aesthetic sense by paying attention to features such as his hemp leaf design or finely detailed portrayals of landscapes in fretwork on his works.				
1	Partitioning fence with open work design of a hemp leaf	Kobayashi Jyodei	Edo period, 18th-19th century	Tokyo National Museum
2	A detailed drawing of a tearoom in Osaki (copying)		Edo period, 18th-19th century	Matsue History Museum
3	A detailed drawing and recording of a tearoom in Osaki (copying)		1858(copying)	Shimane Art Museum
4	Achivement list of the Kobayashi Family	Kobayashi Unosuke	18th-19th century	Shimane Prefectural Library
5	Government official's register of building division		Edo period, 18th-19th century	Private collection
6	Fox God (prototype)	Kobayashi Jyodei	Edo period, 18th -19th century	Jyozan Inari-jinja Shrine
7	Illustrated landscape of a tearoom in Osaki(copying)	Attributed to Tani Buncho	Edo period, 19th century	Matsue History Museum
8	Portable tea box	Kobayashi Jyodei	Edo period, 18th -19th century	Tokyo National Museum
9	Sword rack with open work design of incense pattern	Kobayashi Jyodei	Edo period, 18th -19th century	Private collection
10	Sword rack with open work design of Ten Bulls (ten signs of the Chinese zodiac)	Kobayashi Jyodei	Edo period, 18th -19th century	Private collection
11	Sword rack with open work design of Ten Bulls (ten signs of the Chinese zodiac)	Kobayashi Jyodei	Edo period, 18th -19th century	Shimane Museum of Acient Izumo
12	Sword rack with open work design of Mt.Fuji and monk Saigyo	Kobayashi Jyodei	Edo period, 18th -19th century	Matsue History Museum
13	Crown shelf with mosaic work and open work design of a chrysanthemum	Attributed to Kobayashi Jyodei	Edo period, 18th -19th century	Suntory Museum of Art
14	Bamboo flower vase	Matsudaira Fumai, Kobayashi Jyodei	Edo period, 18th -19th century	Shimane Art Museum
15	Chest with open work design of a gourd and paulownia	Kobayashi Jyodei	Edo period, 18th -19th century	Shimane Art Museum
16	Smoking tray with open work design of a hollyhock crest	Kobayashi Jyodei	Edo period, 18th -19th century	Shimane Art Museum
17	Smoking tray with open work design of a gourd	Kobayashi Jyodei	Edo period, 18th -19th century	Private collection
18	Smoking tray with handle and open work design of paulownia and a gourd	Kobayashi Jyodei	Edo period, 18th -19th century	Private collection
19	Smoking tray with handle, made by burning paulownia wood	Kobayashi Jyodei	Edo period, 18th -19th century	Itohara Memorial Museum
20	Smoking tray with handle	Kobayashi Jyodei	Edo period, 18th -19th century	Itohara Memorial Museum
21	Smoking tray with open work design of paulownia and inedible citrus	Kobayashi Jyodei	Edo period, 18th -19th century	Matsue History Museum
22	Smoking tray with handle and open work design of chinese plum	Kobayashi Jyodei	Edo period, 18th -19th century	Private collection
23	Smoking tray with handle and gilded leather	Kobayashi Jyodei	Edo period, 18th -19th century	Private collection
24	Small brazier	Attributed to Kobayashi Jyodei	Edo period, 18th -19th century	Shimane Art Museum
25	Insence container made of pine wood	Kobayashi Jyodei	Edo period, 18th -19th century	Private collection
26	Insence container with tray	Kobayashi Jyodei	Edo period, 18th -19th century	Matsue History Museum
27	Ornate hairpin made of bamboo	Kobayashi Jyodei	Edo period, 18th -19th century	Private collection
28	Comb and hairpin made of red sandalwood	Kobayashi Jyodei	Edo period, 18th -19th century	Private collection
29	Framed picture of raddish and turnip	Attributed to Kobayashi Jyodei	Edo period, 18th -19th century	Nada Machi Miyado Preservation Association
30	Record of the history of Nada-machi	Naitou Taichirou	1948	Nada machi miyado Preservation Association
31	Framed name of confectionery	Kobayashi Jyodei	Edo period, 18th -19th century	Saiundo
32	Flame of a Kotatsu	Kobayashi Jyodei	Edo period, 18th -19th century	Private collection
33	Collapsible writing desk	Kobayashi Jyodei	Edo period, 18th -19th century	Private collection
34	Collapsible ladder	Kobayashi Jyodei	Edo period, 18th -19th century	Chouman-ji Temple
35	Framed picture with open work design of a hemp leaf	Kobayashi Jyodei	Edo period, 18th -19th century	Jyozan Inari-jinja Shrine

謝　辞

本展を開催するにあたり、多大なご協力をいただいた左記の所蔵者および関係者の方々に深く謝意を表します。（五十音順、敬称略）

出雲文化伝承館
絲原記念館
華蔵寺
月照寺
彩雲堂
サントリー美術館
島根県立古代出雲歴史博物館
島根県立図書館
島根県立美術館
常教寺
城山稲荷神社
白潟公民館
白潟天満宮
新古美術内藤
田原神社
長満寺
手錢美術館
東京国立博物館
東京文化財研究所
灘町町内会
灘町宮鍪保存会
文化財活用センター
賣布神社
八雲本陣記念財団

青戸崇年
青戸長子
飯塚修
経種茂雄
絲原丈嗣
大城杏奈
菊地隆雄
岸直弥
小林哲
小林正康
木幡均
木幡道子
坂本教暎
佐々木杏里
佐藤隆之
白根園子
須田賢司
須山麻美
髙野美波
田中昇一
田邊留美子
月村紀乃

藤間寛
中島秀夫
永岡章典
永岡秀樹
野津敏夫
長谷川正矩
濱田恒志
林佳美
福島修
藤原隆
藤原千冬
藤原雄高
藤脇兼三
松尾節子
松本貴生
松本道博
宮田悠衣
村上勇
村上万理
山口周平
山本麻代
吉元玄進

企画展

松江の名工・小林如泥
―その技、神の如し―

発行日　令和七年（二〇二五）四月二三日

編集・発行　松江歴史館
〒六九〇-〇八八七
島根県松江市殿町二七九番地
TEL　〇八五二―三二―一六〇七
FAX　〇八五二―三二―一六一一
URL　https://matsu-reki.jp/

販売　ハーベスト出版
〒六九〇-〇一三三
島根県松江市東長江町九〇二-五九
TEL　〇八五二―三六―九〇五九
FAX　〇八五二―三六―五八八九
URL　https://www.tprint.co.jp/harvest/
E-mail　harvest@tprint.co.jp

印刷・製本　株式会社 谷口印刷
落丁本・乱丁本はお取替えいたします。
Printed in Japan
ISBN 978-4-86456-549-3　C0021　¥1000E